目からウロコが落ちる

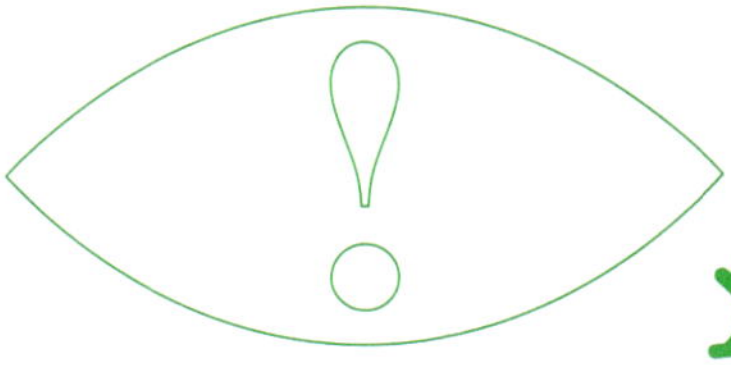

奇跡の経済教室

【基礎知識編】

中野剛志
Nakano Takeshi

KKベストセラーズ

目からウロコが落ちる 奇跡の経済教室【基礎知識編】

はじめに――なぜ「奇跡」なのか

本書を読まれる方は、おそらく、本書のページをめくるごとに、衝撃的な体験をすることでしょう。

というのも、本書には、世間で信じられている常識、政府の公式見解や経済学者の解説、あるいは新聞やテレビから流れてくる情報とは、文字通り180度違う内容が、それはもう次から次へと出てくるからです。

本書は、もちろん私の見解ではありますが、少数派ながら超一流の学者たちによる研究や理論をもとにして書かれています。その中には、日本はおろか、世界のエリートたちでも、ごく一部しか理解していないような高度な内容も含んでいます。また、本書が参照する情報やデータは、すべて公開されているものです。

そんな経済学者や官僚でも知らないような高度な内容を、経済学を専門としないサラリーマンや学生の方でもすらすらと理解できるようにポイントを絞り、**「これ以上は無理！」**というくらいに分かりやすく説明してしまいました。

本書を読み終わった方は、**日本の政治家、官僚、経済界のトップ、経済学の大学教授、経済アナリストといったエリートや専門家のほとんどが、実は、経済の基本も分かっていない単なる素人**だったことを知って、愕然とすることでしょう。

だから、**『奇跡の経済教室』**なのです。

本書は、二部構成となっています。

第一部では、現代経済の仕組みに関する基礎知識を学習しましょう。**「おカネとは何か」「税とは何か」**といった根本的な問題にまで掘り下げて、分かりやすく解説していきます。

誰でもおカネを使うし、税金も払います。それにもかかわらず、おカネや税金について、正しく理解している人は、ごくごくわずかです。

しかし、もしおカネや税について正しく理解すれば、平成の日本経済がなぜ停滞したのかが、いとも簡単に分かるでしょう。

第二部では、著名な経済学者たちの議論を批判的に検討してみましょう。これは、第一部で学んだ知識や考え方を復習するために、先生方の胸を借りる練習問題だと思ってください。

ですが、決して難しい内容ではありません。第一部で説明した知識や考え方さえマスターしていれば、経済学者たちが何を間違えているのかが、簡単に分かるようになっているはずです。

実は、本書の内容の多くは、いわゆる「コロンブスの卵」—言われてみれば、誰でも分かるような話—です。

ですから、本書を読まれた方の多くは、「最初は驚いたけれど、よく考えてみたら当たり前の話ばかりだ」という感想を抱くことでしょう。

そして、その後で、必ず、こういう疑問を抱くと思います。

「なぜ、この程度の話が、経済学者や政治家、官僚、経済界のトップといったエリートたちには分からないのだろうか？」

実際、私は、講演などで本書の内容と同じ話をした後で、聴衆の方からこのような質問を受けることがよくありました。

なぜ、日本の経済政策を動かすエリートたちが、間違い続けるのか。

どうすれば、正しい経済政策ができるのか。

これらについては、本書の続編である『**全国民が読んだら歴史が変わる　奇跡の経済教室【戦略編】**』（小社より2019年7月刊行予定）で明らかにすることとしましょう。

その前に、まずは、本書で、正しい政策を実行するために必要な基本的な考え方や知識を完璧にマスターしていただければと思います。

勘違いしたエリートたちのでたらめな政策から日本を救い、よりよい国を子や孫の世代に残すためには、**国民一人一人が、正しい考え方や知識を身に付けるしかないから**です。

平凡ですが、それ以外に方法はないのです。

なお、本書を執筆するに当たり、京都大学大学院教授の藤井聡氏、株式会社クレディセゾン主任研究員の島倉原氏、一般財団法人国土技術研究センター国土政策研究所所長の大石久和氏には、資料のご提供をいただきました。また、京都大学レジリエンス実践ユニット特任教授の青木泰樹氏にも、ご指導いただきました。厚く御礼申し上げます。

読者の方々には、この四氏の御著作も参考にしていただければ、経済や財政に対する理解がいっそう深まると思います。特に、この6冊をお薦めします。

藤井聡『プライマリー・バランス亡国論：日本を滅ぼす「国の借金」を巡るウソ』(育鵬社)
藤井聡『「10％消費税」が日本経済を破壊する：今こそ真の「税と社会保障の一体改革」を』(晶文社)
島倉原『積極財政宣言：なぜ、アベノミクスでは豊かになれないのか』(新評論)
大石久和『国土が日本人の謎を解く』(産経新聞出版)
青木泰樹『経済学者はなぜ嘘をつくのか』(アスペクト)

青木泰樹『経済学とは何だろうか：現実との対話』（八千代出版）

あっ、一つ、大事なことを言い忘れました。

本書の内容は、筆者個人の見解であって、筆者が所属する組織の見解ではありません。念のため。

なお、個人の見解のほうが出来がいいのは言うまでもありません。

目次

第十五章　主流派経済学は、宗教である　298

第一部

経済の基礎知識をマスターしよう

第一章 日本経済が成長しなくなった単純な理由

平成不況

平成3（1991）年あたりに、バブル景気が崩壊し、いわゆる平成不況に突入しました。

平成10（1998）年には、日本は、第二次世界大戦後初のデフレ不況を経験することとなりました。しかも、このデフレは、**図1**が示すように、およそ20年間という異例の長期に及んでいます。[注1] ちなみに、**図1**中、1997年と2014年に一時的に物価が上がっていますが、これは、主に消費増税の一時的な影響によるもの

図1◎物価上昇率（コアコアCPI）の推移

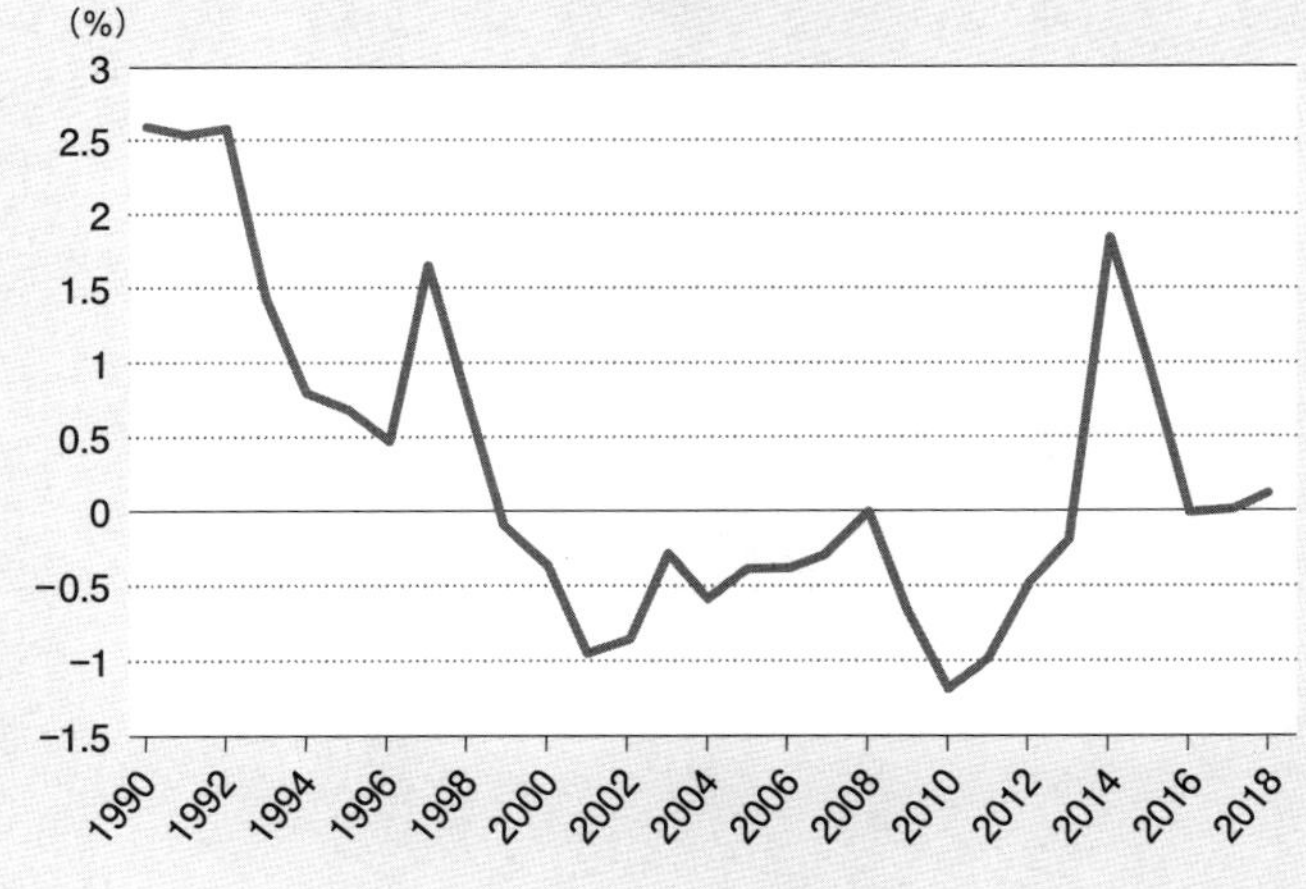

出典）藤井聡作成・提供

にすぎません。したがって、日本経済は、１９９８年以降、基本的にデフレであり続けたと言ってよいでしょう。このような長期のデフレは、少なくとも戦後の世界では、他に類を見ません。

図2をご覧ください。

これは、１９９５年から２０１５年までの20年間の経済成長率（名目ＧＤＰ（国内総生産）の成長率）の各国比較です。

これを見ると、日本は最下位。しかも、日本だけがマイナスを記録しています。おかしいとは、思いませんか。

知識人の中には、「日本は成熟社会だから、もう経済成長は望めない」と説く人もいます。

確かに、成熟した先進国には、高度経済成長は望めないのでしょう。

注1　図1の縦軸の「コアコアＣＰＩ」というのは、天候や外国の事情の影響を受けやすい生鮮食料品とエネルギーを除外した消費財・サービスの物価についての尺度です。

図2◎各国の経済成長率ランキング
(1995〜2015までの20年間の名目GDP成長率)

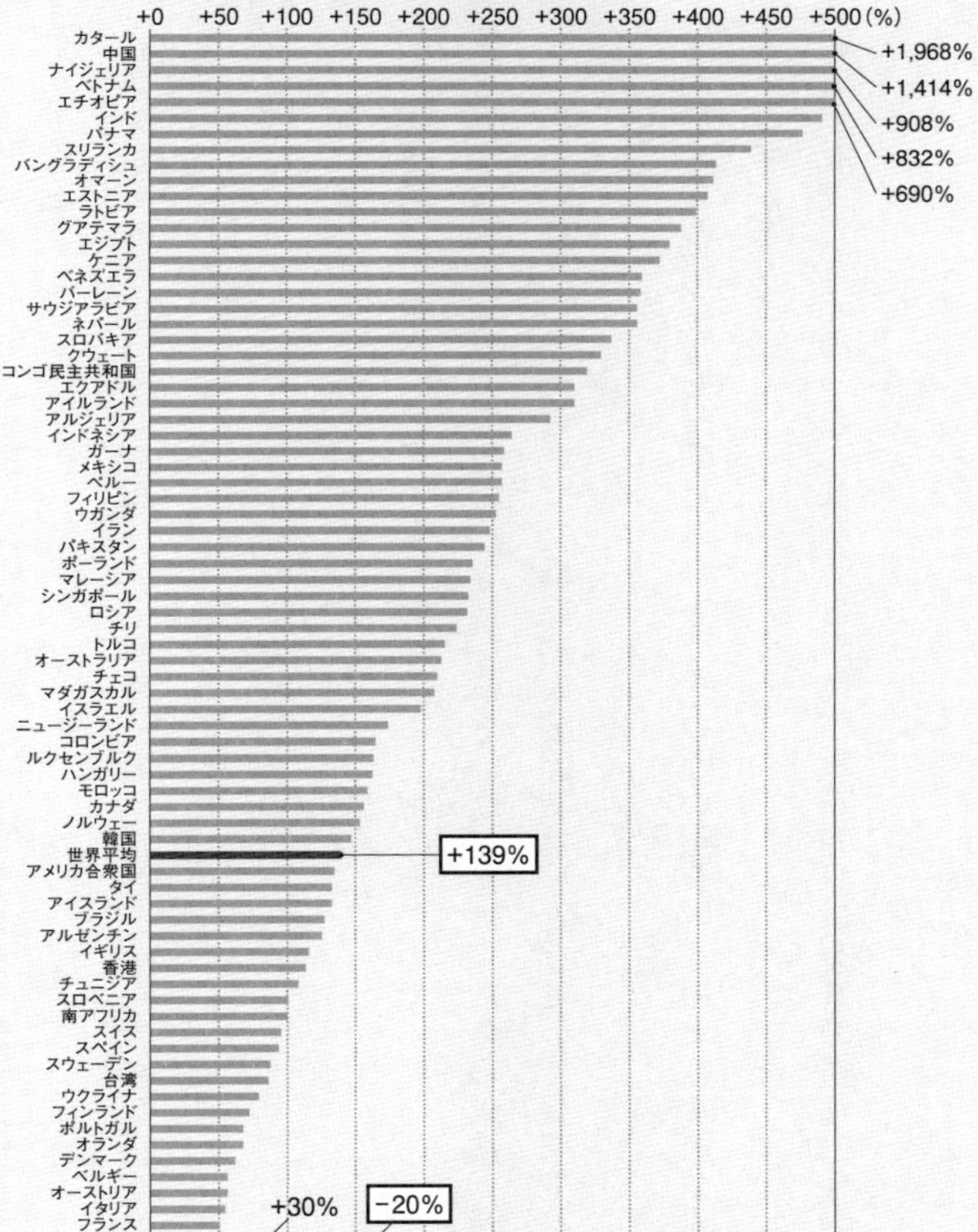

出典)藤井聡『「10%消費税」が日本経済を破壊する:今こそ真の「税と社会保障の一体改革」を』p.49

しかし、欧米の成熟した先進諸国と比較しても、日本だけが突出して成長していない。

さらに言えば、１９９５年以前は、ある程度、経済成長していたのに、１９９５年あたりを境に、日本だけが、突然、ポキッと折れたかのように、成長が止まっている（**図3**）。

しかも、先に述べたように、日本だけが長期のデフレ。

平成の日本経済は、世界的に見ても、明らかに異常だったのです。

これほど極端な現象が日本だけで起きているということは、社会の成熟、産業構造の変化、あるいは人口動態といった構造的な要因では、とうてい、説明できません。

よほど間違った経済政策を長期にわたって続けない限り、このような形で成長できなくなるはずがありません。

日本経済が成長しなくなったのは、明らかに、**政府の経済運営の誤りのせい**なのです。

図3◎日米欧中の名目GDP（ドル建て）の推移

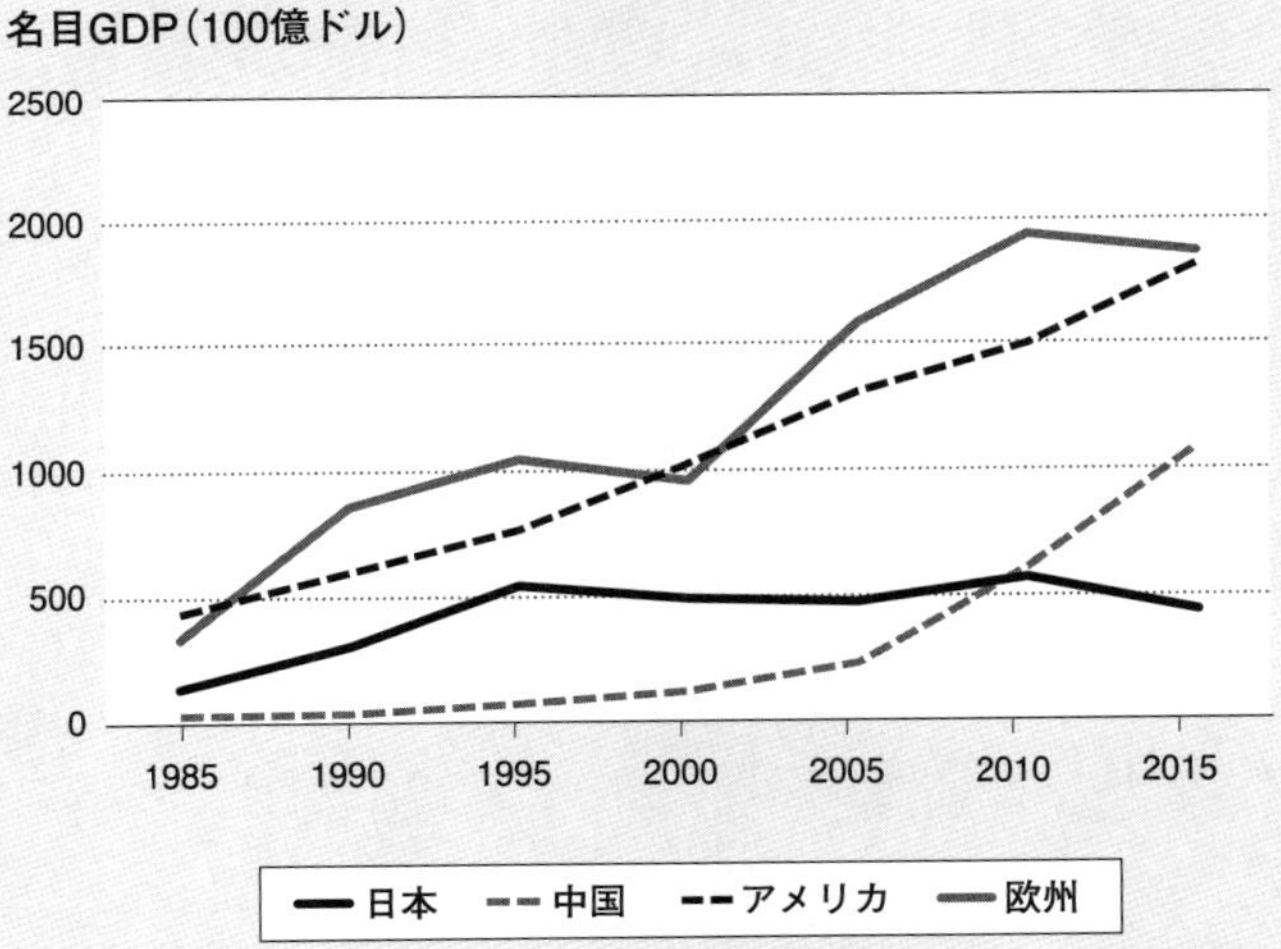

出典）藤井聡『「10%消費増税」が日本経済を破壊する：今こそ真の「税と社会保障の一体改革」を』（p.47）の図をもとに作成

では、日本の経済政策は、何がどう間違っていたのでしょうか。

実は、その答えは、まったく難しいものではありません。言われれば誰でも分かるような、きわめて単純な間違いを、日本は犯し続けていたのです。

その意外な答えを明かす前に、まず、日本が陥っているデフレというものについて、理解をしておきましょう。

デフレとは何か

デフレ（デフレーション）とは、一般的には、一定期間にわたって、物価が持続的に下落する現象のことを言います。その反対に、物価が持続的に上昇する現象は、インフレ（インフレーション）と呼ばれます。

デフレは、どうして起きるのでしょうか。

それは、経済全体の需要（消費と投資）が、供給に比べて少ない状態が続くからです。**「需要不足／供給過剰」が、デフレ**を引き起こします。逆に、**「需要過剰／供給不足」が続くのであれば、インフレ**が起きます。

デフレとは、需要が不足し、供給が過剰になること、つまりモノが売れない状態です。モノが売れない状態が続くのですから、企業は赤字が続き、最悪の場合は倒産します。労働者は賃金が下がり、最悪の場合は失業します。

しかし、モノが売れないならば、企業が生産を縮小し、労働者が働く時間を減らせばよい。そうすれば、供給の過剰が解消されて、需要と供給が一致し、物価の下落は止まるはずだ。そう言いたいところですが、残念ながら、そうはならない。

というのも、需要とは「消費」と「投資」です。そして労働者は賃金が下がると「消費」をしなくなるので、需要が減少してしまうのです。

賃金が下がっても、物価も下がるのであれば、問題ないように思われるかもしれません。しかし、実際には、人々は給料が減ると、先行きに不安を覚えて、支出を控えるものです。賃金の下落が、将来に対する予想を悲観的にし、消費を抑制させるのです。

同じように、企業もまた、赤字になると「投資」を控えます。投資とは、将来得られるであろう利益のために、現在、支出することです。将来、景気がよくならないであろうという悲観的な予想を企業が抱けば、投資は行われません。現在の赤字は、企業の将来予測を悲観的にするのです。

そして、足元で商品が売れなかったり、給料が上がらなかったりすれば、人々の将来予想は、さらに悲観的になり、もっと支出を控える……。

こうして、消費も投資も、もっと減り、需要はさらに縮小します。つまり、供給は縮小しますが、需要はそれよりさらに縮小するので、「需要不足／供給過剰」の状態は解消されないのです。

この悪循環が繰り返されて、デフレは持続することになります。

デフレとは、カネの価値が上がること

デフレという悪循環のメカニズムについて、別の言い方をすると、次のようになります。

デフレとは、物価が継続的に下落することですが、裏を返すと、貨幣の価値が継続的に上昇するということです。**デフレとは、持っているおカネの価値が上がって**

いく現象なのです。

ところで、持っているおカネの価値が上がっていくことは、問題なのでしょうか？

大いに問題です。

なぜなら、おカネの価値が上がっていくならば、人々は、**モノよりもカネを欲しがる**ようになるからです。

消費者であれば、モノを買わないで、カネを貯め込むということです。

企業であれば、投資をしないで、貯蓄（内部留保すなわち現預金）を増やすということです。

こうして、貨幣価値が上昇するデフレになると、消費や投資は、ますます減退していくのです。

また、大金持ちはともかく、普通の消費者は、住宅投資や自動車のような大型の消費をする場合には、ローンを組むでしょう。企業もまた、大型の投資をするにあたっては、銀行からの融資を受けるのが普通です。

しかし、デフレにおいては、借りたカネは、どうなるでしょうか。貨幣価値が上がっていくのがデフレですから、借金は、借りた時よりも返す時のほうが実質的に膨らんでいるということになります。このため、デフレになると、誰も銀行から融資を受けなくなり、むしろ返済を急ぐようになります。

デフレ下では、融資を伴うような大型の消費や投資は、難しくなるのです。そして、借り手がいなくなるので、金利はどんどん下がり、銀行は稼ぐのが難しくなって苦境に立たされます。

このようにして、デフレになると、経済成長が止まってしまいます。これが、平成日本で起きたことです。

世界中で日本だけが長期のデフレなので、日本だけが極端に成長していないのも当然です。

日本が成長しなくなった最大の原因は、ずばり、デフレです。

インフレとは、カネの価値が下がること

さて、デフレの反対は、インフレです。インフレは「需要過剰／供給不足」です

から、モノが売れまくる状態。企業は供給を拡大すべく、旺盛に投資を行います。労働者は、賃金が上がっているので、消費を増やします。

別の言い方をすれば、**インフレは、貨幣価値が下がっている状態**ですから、人々は、**カネよりもモノを欲しがります**。また、借りた時よりも返す時のほうが貨幣価値が下がるならば、カネは借りたほうが得だ。というわけで、消費者はローンを組んで住宅や自動車を購入し、企業は銀行からの融資を受けつつ、事業を拡大します。

こうして、消費や投資がさらに拡大し、「需要過剰／供給不足」が続きます。消費や投資の拡大が続き、需要の拡大に合わせて供給も拡大する。これが経済成長というものです。

ですから、**経済成長は、基本的には、インフレを前提としている**と言ってもよいでしょう。

とは言うものの、インフレが行き過ぎるのもよくない。

極端なケースで言えば、ハイパーインフレなどということになれば、貨幣価値が暴落して、お札は単なる紙切れになってしまう。

そこまで極端でなくとも、インフレで景気が過熱すると、人々は大胆になって、カネを借りまくり、リスクの高い資産にまで手を出すようになります。これがバブルです。

しかし、熱狂は、いつかは冷める。人々は、何か（例えば、金利の上昇）をきっかけにして、手を出した資産のリスクの高さに気づいて、リスク資産を手放そうとする。すると、それをきっかけに、資産の投げ売りの連鎖が始まって、バブルが崩壊する。そうなると、今度は、デフレへの転落を恐れなければならなくなります。

いずれにしても、インフレも、マイルドなものであれば、経済成長にとって望ましいのですが、行き過ぎるとよくありません。

したがって、政府は、デフレにはならないように、かといって過度なインフレやバブルは避けるようにして、経済を運営しなければなりません。言い換えれば、インフレ対策とデフレ対策を巧みに使い分けて、ちょうどよい塩梅のインフレを維持することを目指して、経済の舵取りをしなければならないのです。

輸入品の価格をめぐる注意事項

物価について考える上で、一つ、気をつけなければならないことがあります。

先ほど、インフレは、「需要過剰／供給不足」で起きると言いました。需要が旺盛というわけですから、景気はいいわけです。事実、経済成長は、基本的に、適度なインフレを伴っています。

ただし、旺盛な需要によるものではないインフレもある。景気によくないインフレです。

１９７０年代の石油ショックがもたらしたインフレが、典型的な例です。輸入する原油の価格が上昇することにより、物価が上昇するような形で起きるインフレは、需要過剰で起きるインフレとは違うインフレです。石油の価格が上がると、燃料費や材料費が重くなるわけですから、当然、企業の収益を圧迫し、個人の生活を苦しくする。

ここで気をつけなければならないのは、日本は原油をほとんど産出しないということです。

例えば、牛肉の場合であれば、輸入牛肉と国産牛肉があります。

輸入牛肉の価格が高くなった場合には、確かに輸入牛肉を買う消費者の家計は圧迫される。しかし、その一方で、国産牛肉はより売れるようになるので、畜産農家の収入は増えます。輸入牛肉の価格が上がることは、消費者にとっては迷惑な話ですが、肉牛生産農家にとっては、需要の拡大なのです。

これに対して、輸入原油が高くなっても、原油を生産する企業は国内にはほとんどないので、国産原油の需要が拡大して、国産原油を生産する企業が儲かるということも、ほとんどない。

要するに、国内に競争相手のない製品やサービスの輸入価格が上がることは、確かにインフレを起こしますが、これは、企業や家計を圧迫して景気を悪化させる方向にしか働かないインフレなのです。

デフレの場合も、同じです。

例えば、原油の価格が下がるのであれば、企業や家計は楽になります。

しかし、国内産業を保護していた輸入関税が引き下げられる場合には、安い外国製品の流入によって、消費者は楽になるでしょうが、その国内産業は需要を失って苦しくなります。

国内産業が海外製品との競争に敗れて衰退すると、多くの企業が倒産し、多くの失業者が生まれます。倒産した企業は投資をせず、失業した人は極端に消費を減らすので、国全体の需要は減ります。さらに、多くの失業者が職を求めるようになれば、国全体の賃金水準も下がる方向に働きます。

この場合は、輸入製品が安くなることがデフレ圧力になるのです。


このように、インフレやデフレがよいか悪いかは、単に物価が下がったか上がったかだけでは、分かりません。

例えば、需要がたくさんあることによって起こるインフレは、よいインフレですが、輸入原油の価格上昇によって起こるインフレは、悪いインフレなのです。この違いを念頭に置いておいてください。

さて、本書では、基本的に、需要の過不足を原因とするインフレやデフレを中心にして論じようと思います。

ところで、輸入品の価格の下落については、もう一つ、気をつけてほしい点があります。

輸入品の価格が下落すると、消費者は出費を抑えることができるので、その分、手元に残る所得が増えます。

手元に残る所得が増える場合、普通であれば、消費者は、支出を増やすと思われます。例えばガソリンや輸入牛肉が以前より安くなれば、消費者は、浮いたお金で、何か欲しかったものを買うだろうというわけです。

ところが、デフレの場合は、消費者は、必ずしも浮いたお金を使うとは限りません。デフレとは、お金の価値が上昇している状態ですから、消費者は、浮いたお金を「支出」ではなく「貯蓄」に回してしまうのです。

したがって、デフレの時に輸入品の価格が下がったとしても、消費者の生活はその分楽にはなりますが、それで消費が増えて、デフレ脱却に向かうとは限らないのです。

このように、デフレとは、非常に恐ろしいものなのです。

さて、少々面倒ではありますが、こうした点にも注意を払いつつ、話を先に進めましょう。

「合成の誤謬」

もう一度、確認します。

デフレとは「需要不足／供給過剰」の状態です。したがって、デフレを脱却するには、需要を増やせばよい。つまり、消費や投資を拡大すればよいのです。そうすれば、デフレから脱却することができ、景気はよくなって、経済は成長する。

そうであるならば、人々が消費や投資を増やせばいいわけです。

しかし、それが口で言うほど簡単ではないのです。

これまで述べてきたように、デフレ下では、不景気なのでモノが売れません。誰もが消費も投資も手控える。むしろ、節約に励むでしょう。そうすると、需要はますます不足するという悪循環に巻き込まれることとなり、デフレが続きます。

ここで、ぜひ押さえておいてほしい重要なポイントがあります。

それは、**デフレ（需要不足）で不景気の時に、個人や企業が消費や投資を手控え、**

貯蓄に励むというのは、まったくもって経済合理的な行動だということです。

給料が下がっているのに、モノを買うのを増やすとしたら、その人は、明らかにおかしいでしょう。モノが売れないのに、設備投資を拡大する企業があったとしたら、その企業もおかしい。

景気が悪い時には、支出を切り詰めなければ、個人や企業は生き残れません。不景気で苦しい時に、節約して貯蓄に励むのは、美徳ですらあります。

しかし、どうでしょう。

個人や企業が支出を減らしたら、需要が縮小して、景気はますます悪くなるのです。節約という、人々が苦しさを乗り切ろうとしてとった合理的な行動が、経済全体で見ると、需要の縮小を招き、人々をさらに苦しめるという不条理な結果を招いているのです。

このように、個々の正しい行動でも、それが積み重なった結果、全体として、好ましくない事態がもたらされてしまう。このような現象を、経済学の用語で「**合成の誤謬**《ごびゅう》」と言います。

ミクロ（個々の企業や個人）の視点では正しい行動も、その行動を集計したマクロ（経済全体）の世界では、反対の結果をもたらしてしまう。デフレ下で支出を切り詰めて楽になろうとしたら、それがさらなる需要縮小を招き、デフレが続いて、生活がますます苦しくなる。このデフレという現象は「合成の誤謬」の典型であると言えます。

さて、この「合成の誤謬」の問題を解決するためには、どうしたらよいのでしょうか。

企業や個人の個々（ミクロ）の行動が正しいと、全体（マクロ）として間違ってしまうというのが「合成の誤謬」です。だとすると、企業や個人といったミクロのレベルの行動では「合成の誤謬」の問題は解決できません。**「合成の誤謬」は、マクロの経済全体の運営をつかさどる「政府」が直すしかない**のです。

ここに、政府の存在意義があります。

第二章 デフレの中心で、インフレ対策を叫ぶ

政府が悪い

平成の時代、特にその前半期には「経済は、市場に任せておけば、うまくいく。政府は小さくていい。余計なことはするな」というイデオロギーが流行しました。

個人や企業は「経済合理的」、つまり自分の得になるように行動するのだから、個人や企業の行動を自由にしておけばよいではないかというわけです。

このイデオロギーは「市場原理主義」あるいは「**新自由主義**」と呼ばれています。

しかし、この新自由主義の発想は、正しいのでしょうか。

確かに、多くの企業や個人は、おおむね経済合理的に行動するのでしょう。しかし、ここで問題になるのが、前章で紹介した「合成の誤謬」です。つまり、個々の経済合理的な行動の積み重ねが、好ましくない結果をもたらす。

この「合成の誤謬」を回避するためには、企業や個人の行動を是正する必要があります。それこそが、政府の役割です。

このように言うと、「政府が、企業や個人の行動を正すだと？ そんなのは、傲慢なエリートの愚民観ではないか。企業や個人をバカにするな！」と怒り出す人もいるかもしれません。

しかし、私が言っているのは、そういう話ではありません。むしろ、逆です。

政府が、企業や個人の行動を是正する（つまり経済に介入する）必要がある理由は、企業や個人が馬鹿だからではない。その反対に、**企業や個人が合理的だからこそ、政府介入が必要になる**のです。

企業や個人の経済合理的な行動の積み重ねが、経済全体に意図せざる結果をもたらすというのが「合成の誤謬」です。そして、この「合成の誤謬」があるから、政府が経済に介入する「経済政策」が必要になるのです。

そして、デフレとは、まさにこの「合成の誤謬」の典型です。したがって、**デフレ脱却は、政府の責任**でなされるべきです。民間に任せていては、デフレから脱却することは、できません。

平成の日本では、民間企業が内部留保を貯め込み、賃上げもしなければ、積極的な設備投資や技術開発投資もしなくなってしまいました。日本企業は、画期的な新製品を送り出したり、イノベーションを生み出したりする力を失っています。

こうしたことから、日本企業の経営のあり方が批判されてきました。経営システムが悪いとか、企業経営者に先見の明がないとか、失敗を恐れてリスクをとらないから駄目だとか、戦略やビジョンがないとか。新聞やビジネス雑誌には、日本経済の停滞を企業経営のせいにするような議論があふれています。

しかし、こうした経営批判は、ほとんど的外れです。

というのも、**企業が内部留保を貯め込むのも、賃上げをしないのも、積極的な投資を恐れているのも、ひとえに、デフレという経済環境のせい**だからです。

これまで説明してきたように、需要不足のデフレ下においては、企業が投資を控え、賃上げもできず、内部留保を貯め込むのは、仕方のないこと。というよりはむしろ、経済合理的な行動なのです。

デフレなのに、リスクを恐れずに積極的な投資に打って出るとしたら、その経営者は単なる向こう見ずか、でなければリスク評価のできない馬鹿だと思ったほうがよい。

もちろん、そういう向こう見ずや馬鹿がたまにいて、リスクの高い投資をして、しかも、それが偶然当たって、大成功することがあります。しかし、大多数の人に、それをやれというのは無理筋でしょう。

言い換えると、リスクの高い投資をバクチのようにやる人は、経済合理的ではないのです。ところが、一方では「人間は経済合理的だから市場に任せろ」と論じながら、他方では「リスクを恐れず投資をしろ」などと経済合理性のない行動を推奨する経済学者や経済評論家が後を絶ちません。困ったことです。

いずれにしても、デフレというのは経済全体の環境のことなので、個人や企業ではどうにもできません。

個人や企業は、デフレという与えられた環境の中で生きていくしかないのです。どんなに優れた企業経営をやろうが、どれだけ個人が頑張ろうが、デフレである限り、日本経済の停滞は続くのです。

経済政策というのは、経済全体の環境を調節することです。デフレを解消するには、経済政策を発動して、経済全体を調節するしかありません。

そして、経済政策をつかさどるのは、政府です。

したがって、デフレを解消できるのは、政府だけです。

平成の日本企業がダメになったのは、経営者のせいではありません。デフレ脱却に失敗している政府のせいなのです。

二つの経済政策

では、政府は、デフレ脱却のために何をすべきなのでしょうか。

すでに述べたように、政府は、デフレを阻止し、マイルドなインフレを目指すべきですが、インフレも行き過ぎるとよくない。インフレが行き過ぎるようならば、政府は、インフレを阻止する政策を打ち出さなければなりません。

要するに、政府は、デフレにならないよう、かといって、インフレになり過ぎないよう、経済政策を操って、うまく舵取りをするのです。

では、インフレ対策とデフレ対策とは、それぞれ、具体的に、どのようなものなのでしょうか。

まずは、インフレ対策から、見ていきましょう。

①インフレ対策

インフレとは「需要過剰／供給不足」の状態です。ですから、インフレを止めるためには、需要を減らし、供給を増やす必要があります。

では、需要を減らすには、政府は、何をしたらよいでしょうか。

まず、政府自身が「需要」すなわち「消費」と「投資」を減らすことです。公務員など公共部門で働く人の数も減らしたほうがよい。要するに「小さな政府」にするということです。

また、政府は、民間の消費や投資を減らすこともできます。民間の支出に対して課税をすればよいのです。例えば、消費税を増税すれば、人々は消費を減らさざるを得ないでしょう。

こうして、政府が支出を削減し、増税をすれば、財政は健全化します。財政健全化とは、需要を抑制する政策なのです。

また、中央銀行（日本銀行）が金利を引き上げれば、企業は銀行から融資を受けにくくなり、投資を控えざるを得なくなります。消費者も、ローンを組みにくくなる。金融引き締め政策は、需要を抑制するということです。

インフレは、供給不足の状態ですから、供給力を増やすという政策もまた、インフレ対策となります。つまり、企業の生産性を向上させ、競争力を強化するのです。

そのために有効な政策は、市場における企業の競争を活発にすることです。

具体的には、規制緩和や自由化によって、より多くの企業が自由に競争に参加できるようにすることが有効です。[注2]また、国の事業は民営化し、市場での競争にさらすと、より効率化し、生産性が向上するので、供給の増加が期待できます。

この規制緩和や自由化は、一国内だけではなく、グローバルに行えば、競争はさらに激化し、企業の競争力は強化され、生産性のいっそうの向上が期待できます。国境の壁を低くし、ヒト・モノ・カネの国際的な移動をより自由にする、いわゆるグローバル化は、供給力を強化するインフレ対策なのです。

注2　経済学者は、規制緩和が企業の自由な競争を促進するものと考えています。一般的にも、そう思われているでしょう。しかし、実際には、自由競争を促進しようとすると、かえって、より多くの規制が必要になる場合が多い。つまり、規制の緩和ではなく、規制の強化や増加が、競争を促進するのです。これは重要な論点なので、『**全国民が読んだら歴史が変わる　奇跡の経済教室【戦略編】**』（小社刊）で論じることにします。とりあえず本書では、議論を簡潔にするため、いったん「規制緩和＝競争促進」として理解してください。

②デフレ対策

デフレは「需要不足／供給過剰」の状態であり、インフレとは反対の現象です。ということは、デフレ対策は、インフレ対策を反対にしたものになるはずです。つまり、需要を拡大し、供給を抑制することが、デフレ対策です。

具体的に見ていきましょう。

まず、政府は、みずから需要を増やさなければなりません。例えば、社会保障費や公共投資を拡大するなどして、財政支出を拡大するのです。公務員など、公共部門で働く人の数を増やすという手もあります。要するに「大きな政府」にするということです。

また、政府が、民間の消費や投資の増大を促進する必要もあります。そのためには、減税が効果的です。例えば、消費税は減税し、企業に対しても投資減税を行うのです。

政府が財政支出を増やし、税収を減らすということは、財政赤字を拡大するということです。財政健全化が需要を抑制するインフレ対策なのであれば、その反対に、財政赤字の拡大は需要を拡大するデフレ対策だということです。

また、中央銀行は、金融緩和を行い、個人や企業が融資を受けやすくすることが肝要でしょう。

こうした拡張的な財政金融政策が、需要を拡大するデフレ対策です。


デフレは供給過剰の状態ですから、供給を抑制することも、デフレ対策として効果的です。

デフレの時に企業の生産性が向上すると、供給過剰がさらにひどくなってしまいます。ですから、デフレの時には、企業の生産性は向上させないほうがよい。したがって、企業間の競争は、むしろ抑制気味にすべきです。

具体的には、規制緩和や自由化はしないほうがよい。むしろ規制は強化し、事業は保護して、多くの企業が市場に参入できないようにして、競争を抑えるべきです。企業はお互いに競争するよりもむしろ、協調したほうがよいでしょう。

民営化も、それが競争を激化させるのであるならば、しないほうがよいでしょう。もちろん、どんな事業でも、すべて国営化すべきだというわけではありません。

しかし、なくなってしまうと国民が困るような公益的な産業や、あるいは倒産すると大量の失業者が出てしまったり、倒産の連鎖を起こしたりしてしまうような大規模かつ重要な産業であるならば、一時的に国営化することも必要になるでしょう。

デフレの時は競争を抑制すべきなのですから、当然のことながら、ヒト・モノ・カネの国際的な移動を自由にするグローバル化は、制限したほうがよいということになります。国境の壁で国内市場を保護する「保護主義」は、実は、供給過剰を抑制するデフレ対策になるのです。

誤解を避けるために補足すると、保護主義についても、「鎖国しろ」とか「全産業を保護しろ」とか言っているわけではありません。例えば、国際競争力のある産業まで保護する必要はありません。

ここで強調したいのは、保護主義をタブー視すべきではないということです。デフレの時や、失業者が大量に出ている時などには、保護主義は正当化し得るのです。

さて、①のようなインフレ対策が実施された例が、過去にあります。それは、1970年代から80年代にかけての先進国です。

特に、マーガレット・サッチャー政権時のイギリスや、ロナルド・レーガン政権時のアメリカは、規制緩和、自由化、民営化、グローバル化を推し進め、金融を引き締め、「小さな政府」を目指しました（実際に実現したかは別ですが）。

こうした政策のもととなっているイデオロギーは「新自由主義」です。**サッチャーやレーガンが新自由主義に基づく政策を実施したのは、当時のイギリスやアメリカが、インフレに悩んでいたからなのです。**

反対に、②のデフレ対策が実施された例として、最も有名なのは、1930年代のアメリカのフランクリン・ルーズヴェルト政権が実施したニュー・ディール政策です。ニュー・ディール政策は、公共投資など政府支出を拡大させ、金融緩和を行っただけでなく、産業統制や価格規制の強化や、労働者の保護をも行いました。まさに、需要拡大策と供給抑制策を実施したわけです。その理由は言うまでもなく、当時のアメリカが、世界恐慌という大デフレ不況に襲われていたからにほかなりません。

なお、政府支出の拡大や労働者保護のような政策のもととなっているイデオロギーは、社会主義と呼ばれます。もっとも、「社会主義」というと、民主的ではない旧ソ連のような国家が連想されるので、「民主社会主義」という言葉を使っておきましょう。

誤解を避けるために言っておきますが、ここで言う「民主社会主義」とは、私有財産制の廃止とか計画経済とか全産業の国営といった、資本主義を全否定する体制のことを指しているのではありません。「民主社会主義」とは、「大きな政府」「福祉国家」「労働者の保護」「重要産業の国営化」などを行い、資本主義の一部を修正することであるとお考えください。ですから、ルーズヴェルト政権のニュー・ディール政策や戦後の福祉国家の理念は、ある種の「民主社会主義」と言ってもいいでしょう。

そして、この「民主社会主義」は、デフレ対策のイデオロギーだということです。

以上のインフレ対策とデフレ対策を整理すると、**表1**のようになります。この表1で、インフレ対策とデフレ対策が、正反対であることが、いっそう明らかになると思います。

表1◎経済政策の基本的な二分類
インフレ対策とデフレ対策は、政策の方向性が正反対になる

現象	インフレーション	デフレーション
原因	需要 ＞ 供給	需要 ＜ 供給
対策	需要抑制 供給拡大	需要拡大 供給抑制
政策目標	物価安定・賃金抑制	雇用の確保・賃金上昇
政策 （需要対策）	小さな政府 緊縮財政 増税 金融引き締め	大きな政府 積極財政 減税 金融緩和
政策 （供給対策）	競争促進・生産性の向上 自由化、規制緩和、 民営化、労働市場の流動化 グローバル化の促進	競争抑制 規制強化、国有化 労働者の保護 グローバル化の抑制
イデオロギー	新自由主義	民主社会主義
時代	1970年代	1930年代、現在

インフレとデフレは正反対の現象ですから、その対策も正反対になるのは、当たり前のことでしょう。

このインフレ対策とデフレ対策は、次のようにも言い換えられます。

インフレ対策とは、政府が「需要抑制／供給拡大」政策によって、人為的にデフレを引き起こすことです。

反対に、デフレ対策とは、政府が「需要拡大／供給抑制」政策によって、人為的にインフレを引き起こすことです。

平成不況の原因は明らか

さて、日本は、なぜデフレ不況から抜け出せないのか。もうお分かりになったかもしれません。

平成の時代が始まって間もなく、バブルが崩壊し、不況に突入しました。それ以降、日本では、様々な改革が進められていくことになりました。

とりわけ、平成8（1996）年に成立した橋本龍太郎政権は行財政改革、経済構造改革、金融システム改革などの「構造改革」を掲げ、実行しました。

その**「構造改革」**とは、どんなものだったでしょうか。

公共投資をはじめとする財政支出の削減、消費増税、「小さな政府」を目指した行政改革、規制緩和、自由化、民営化、そしてグローバル化……。

これらは、いずれも①のインフレ対策です。「構造改革」とは「インフレを退治するために、人為的にデフレを引き起こす政策」なのです。

しかし、バブルの崩壊とは、資産価格の暴落ですから、その頃は、デフレになるのを警戒しなければならない時でした。実際、図1（P.21参照）が示すように、1991年から96年にかけて、物価上昇率が著しく鈍化し、デフレの危機が迫っていたのが分かります。まさに、②のデフレ対策が求められていた時期だったのです。

それにもかかわらず、**平成日本は、デフレ対策が求められるタイミングで、「構造改革」と称するインフレ対策を実行しました。しかも、それを20年以上、続けたわけです。**

これでは、デフレにならないほうがおかしい。

平成の「改革」の手本となったのは、1980年代の英サッチャー政権や米レーガン政権が行った「新自由主義」の政策でした。しかし、繰り返しますが、当時の英米は「インフレ」に悩んでいたのです。

サッチャー政権やレーガン政権が試みたのは、「インフレを退治するために、人為的にデフレを引き起こす政策」でした。それが「小さな政府」であり、規制緩和であり、自由化であり、グローバル化です。

ところが、日本は、「デフレ」を警戒しなければならないまさにその時に、英米の「インフレ退治のためにデフレを人為的に引き起こす政策」を手本としてしまったのです。

その結果、日本は平成10年からデフレに突入しました。

当たり前です。

ところが、それにもかかわらず、平成13年に成立した小泉純一郎政権は、インフレ対策の「構造改革」をさらに徹底させました。

ただし、唯一、金融政策についてだけは、デフレ対策を行っていました。つまり、金融緩和です。しかし、金融政策だけデフレ対策をしても、他の政策はすべてインフレ対策なのだから、どうしようもありません。しかも、第六章で説明しますが、金融政策は、デフレの時には、効果が落ちるのです。

このデフレ下のインフレ対策という「構造改革」路線は、基本的に、平成の終わりの安倍晋三政権まで引き継がれています。しかし、この間、「もしかして、政府がやっているのは、デフレ対策ではなく、インフレ対策ではないのか」という反省の声は、ほとんど出ませんでした。

平成とは、「新自由主義」が席巻した時代だったと言ってよいでしょう。

この30年間、日本で提案された改革は、ほぼすべて新自由主義をもとにしていました。「小さな政府」「財政再建」「グローバル化」……いずれも、新自由主義の考えです。こうした新自由主義の改革に反対した人々には「抵抗勢力」のレッテルが貼られ、彼らの多くは政治や言論の表舞台から追放されました。

昭和の日本は、一種の社会主義だった。しかし、冷戦は終結し、社会主義は敗れ去った。平成の日本は、新自由主義へと改革しなければならない。おそらく、こんな気分だったのでしょう。

しかし、繰り返しますが、新自由主義は「インフレ対策」のイデオロギーなのです。

なぜ日本経済は、成長しなくなったのか。答えは、簡単です。

それは、日本政府が「デフレ下におけるインフレ対策」という愚行を続けてきたからです。それでデフレが続くようになった。だから、経済成長もしなくなった。

当然の結果でしょう。何も不思議なことはありません。

さて、ここまで読んだ読者の中には、狐につままれたような気分になった方もおられるかもしれません。

構造改革は、デフレ対策ではなくインフレ対策？

日本は、デフレなのに、インフレ対策を20年以上もやってきた？

だから、経済が成長しなくなった？

「そんな話は初耳」という方には、いろいろな疑問や反論がおありかもしれません。

そうした疑問について、これから、一つ一つ、解消していきたいと思います。

第三章 経済政策をビジネス・センスで語るな

問題は「合成の誤謬」

なぜ、20年以上もの間、「デフレの中で、インフレ対策に励む」などという、信じられないような単純な間違いに、誰も気づかなかったのでしょうか？

理由はいくつかあるとは思いますが、ここでは、一つだけ指摘しておきたいと思います。

それは、デフレ対策というものには、直観に反するところがあるということです。

そのことを理解するために、あらためてデフレ対策について整理しておきましょう。

デフレとは「需要不足／供給過剰」の状態ですから、需要を拡大し、供給を抑制する政策がデフレ対策となります。もう一度整理してみましょう。

需要を拡大するための政策＝財政支出の拡大、「大きな政府」、減税、金融緩和

供給を抑制するための政策＝規制の強化、企業間の協調（競争の抑制）、産業の保護、労働者の保護、保護主義（グローバル化の抑制）

さて、このように書き連ねてみると、デフレ対策の中には、一般的には好ましくないといわれている政策が多いことが、一見して明らかだと思います。

例えば、財政支出の拡大や「大きな政府」は、政府の無駄遣いを増やすものとして批判されてきたものです。

さらに、競争を抑制する規制の強化や産業の保護は、経済を非効率にし、生産性の向上や国際競争力の強化の妨げになる。ましてや保護主義など、論外だ。そのように言われることでしょう。

しかし、通俗観念のバイアスを外して、考えてみてください。

例えば、規制の強化や産業の保護は、確かに、競争を鈍化させる。それは、生産性の向上や国際競争力の強化の妨げになるでしょう。

ところで、生産性を向上させたり、国際競争力を強めたりすることは、日本経済全体にとって、よいことなのでしょうか？

それが、よいことではないのですよ、**デフレの時には**。

なぜなら、デフレとは「需要不足／供給過剰」の状態です。そんな時に、生産性を向上させたら、どうなるでしょうか？

供給がもっと増え、供給過剰がひどくなるでしょう。つまり、**生産性が向上した結果、デフレが悪化してしまう**のです。

もちろん、一企業の立場からは、生産性を向上させたり、競争力を強めたりすることは、よいことです。まして、デフレ不況の中で企業が生き残ろうとするならば、生産性をできるだけ高め、競争力をつけなければならない。

しかし、ここで考えなければならないのは、またしても「合成の誤謬」です。

デフレで需要が不足しているのに、全企業が生産性を向上させたら、供給過剰でデフレがさらに悪化します。一企業にとってはよいことである生産性の向上が、デフレという、経済全体としては好ましくない結果をもたらす。

これこそ、まさに「合成の誤謬」です。

もちろん、企業が生産性を向上させたら、経済全体がよくなる場合もあります。それは、需要が旺盛でありながら、その需要に供給が追い付かない「需要過剰／供給不足」の場合、すなわち高インフレの時です。

高インフレの時であれば、全企業が生産性を向上させれば、供給力が増大して、需要に見合った供給となります。その時、インフレは抑制され、物価はちょうどよい水準に収まります。

インフレの時は、企業の生産性の向上は、経済全体でもよい結果をもたらします。この場合には「合成の誤謬」は生じません。

要するに、**生産性の向上が経済全体にとって好ましいのは、インフレの時だけだ**ということです。

デフレを脱却したければ、政府は、企業の生産性の向上を促進してはいけません。このように言うと、「しかし、生産性が向上しなければ、経済成長はあり得ず、国は豊かにならないのではないか」と思われるかもしれません。

それは、その通りです。確かに、生産性を向上させなければ、経済は成長しない。経済成長のために、政府が企業の生産性の向上を促進するという政策は必要です。

しかし、ここで言いたいのは、「その生産性向上のための政策は、インフレの時にやってください」ということなのです。

繰り返しますが、デフレの時の生産性の向上は、かえって経済成長を阻害します。**政府は、まずはデフレ脱却を果たし、経済をインフレにする。その上で、生産性の向上を促し、経済成長を実現する。**そういう順番で政策を実行するべきなのです。

競争に負けた企業は、淘汰されればいい?

デフレの時は、企業間の競争は抑え気味にすべきだ。この議論に対しては、次のような反論があるかもしれません。

「デフレは供給過剰である。供給過剰ということは、企業の数が多すぎるということだ。ならば、企業の間の競争をむしろ促進して、競争に負けた企業は潰してしまえばいい。多すぎる企業が淘汰されれば、供給過剰は解消され、デフレから脱却できる」

実際、平成の構造改革の時代には「非効率な企業や産業が温存されているから、構造改革が進まず、経済が停滞しているのだ。ゾンビ企業なんか淘汰されればいい」といった意見が蔓延していました。

確かに、企業が倒産すれば、その分、供給力が小さくなるでしょう。しかし、忘れてはならないのは、企業は投資をしますが、投資とは需要です。したがって、企業が倒産すると、その企業の投資需要も消えます。

また、企業が倒産すれば、そこで働いていた労働者は失業します。失業は、確かに供給力の削減です。しかし、同時に、失業した労働者は消費もしなくなります。失業は、消費需要を減らすのです。

つまり、企業の倒産は、「供給」と同時に「需要」も減らしてしまうというわけです。したがって、競争によって企業を淘汰すると、「供給」だけでなく「需要」

も削減されるので、結局、需要と供給は一致せず、デフレは解消しないのです。

それにしても、「非効率な企業が淘汰されれば、経済は成長する」という考えには、特に経済界を中心に、根強い人気があります。

それは、おそらく、国の経済運営のやり方と、企業経営のやり方とを混同しているためではないでしょうか。

つまり、こういうことです。

一企業が業績を上げるためには、無駄な部門は容赦なくカットして、企業体質を「筋肉質」にすることが求められます。それと同じイメージで、日本経済を好転させるためには、無駄な企業や産業部門を淘汰して、経済構造を「筋肉質」にしたらいい。そう考えているのではないでしょうか。

企業であれば、無駄な部門を廃止したり、企業の外に追い出したりすることができます。また、出来の悪い社員を解雇することもできる。企業は無駄を削ぎ落すことで、確かに「効率的」「筋肉質」になれるでしょう。

しかし、経済全体となると、そうはいきません。企業が潰れたら、従業員は国の経済の中から消えるのではなく、失業者としてとどまり続けるのです。

失業者とは、働く能力があるのに働けない、いわば「遊休資産」です。したがって、失業者を抱えた経済とは「遊休資産」のある経済、つまり「筋肉質」とは反対の非効率な経済だということになります。

要するに、競争を激しくして、競争に負けた企業の淘汰を進めると、失業者という「遊休資産」が増え、国の経済はかえって非効率になるのです。

ですから、企業の経営と国の経済運営とは、性格がまったく違うものと考えてください。停滞する企業を再生させた名経営者が、停滞する日本経済を再生できる方法を知っているとは限らないのです。名プレーヤーが名監督とは限らないという話に近いでしょうかね。

いずれにしても、**民間のビジネスセンスで、国の経済運営を考えると間違えてしまう**のです。

政府の無駄遣い

供給過剰を是正するためのデフレ対策は、産業や労働者を保護し、競争を抑制するという、ビジネスマンの直観に反するものになります。

同じように、需要不足を解消するためのデフレ対策は、財政支出の拡大や「大きな政府」になりますが、これもまた直観に反するものであり、なかなか理解してもらえないものです。

政府の支出には無駄が多いという批判がつきものです。特に公共事業に関しては「無駄なハコモノや使わない道路がたくさん造られている」というイメージがつきまとっています。世論受けや人気取りに走る「改革派」の政治家は、きまって「政府の無駄を徹底的に切る！」と息巻いてみせます。

特にデフレ不況の時には、企業も家計も、無駄な支出をできる限り抑え、節約に努めます。もっと言えば、必要な支出すら、惜しまなければならない。そういう苦しい状態に置かれるのがデフレ不況です。

そうなると、「国民が身を切っているときに、政府だけがのうのうとしているのは許されない。政府も身を切って、財政支出の削減に努めるべきだ」という気分になりがちです。実際、平成とは、そのような議論が主流を占めてきた時代でした。

しかし、すでに説明した通り、デフレの時に支出を抑えることは、一個人や一企業の行動としては合理的ですが、その積み重ねが全体として需要不足を招き、経済全体をデフレへと追い込んでしまう。

もっとも、個人や企業がデフレの下で支出を抑制してしまうのは、無理もないことです。なぜなら、それが経済合理的だからです。しかし、そのような時に、政府までもが支出を抑制してしまったら、デフレはさらに悪化してしまうのは必定です。

そこで、政府は、需要不足を解消するために、むしろ財政支出を拡大して需要をつくりだすべきなのです。

「国民が身を切っているのだから、政府も身を切って財政支出を削減する！」というのは、一見もっともらしく、格好いいですが、これは単なる「合成の誤謬」に基づく愚かで迷惑な政策にすぎません。

政府の歳出削減は、国民受けはしますが、そのせいでデフレが悪化し、それで苦しむのは国民です。「身を切る改革」を断行する「改革派」の政治家は、国民の身を切り刻む迷惑な存在でしかありません。

デフレの時には、「大きな政府」こそが望ましいものとなります。

政府が支出を増やせば、需要が生まれます。公務員など公共部門で働く人の数を増やして、雇用を創出するのもいいでしょう。公務員の給料を上げれば、民間企業も給料を上げざるを得なくなります。従業員の給料が上がれば、所得が増え、消費も増えます。このように、政府を大きくすることは、需要を創出するので、デフレ対策として有効なのです。


もちろん、デフレの時の政府の支出は、無駄なものにではなく、必要なもののためになされたほうがよいのは、事実です。無意味な建物を乱立させるよりも、必要とされる建物を整備したほうがよいに決まっている。その意味では、公共投資の中身は、精査したほうがよいでしょう。

しかし、「無駄な公共投資をする」と「無駄な公共投資をしない」とでは、どちらが正しいかと言えば、デフレの時には「無駄な公共投資をする」ほうがずっとよいのです。

なぜなら、公共投資によって造られる建造物が何であれ、公共投資それ自体は需要となるので、少なくとも需要不足の解消には役立つからです。

まとめるならば、**デフレの時には**、次のような優先順位になります。

最善の策：必要なものを造る公共投資
次善の策：無駄なものを造る公共投資
無策：公共投資を増やさないこと
最悪の策：公共投資の削減

平成の日本は、このうち「無策」と「最悪の策」ばかりやってきました。

このように言うと、「いやいや、日本は、巨額の財政赤字を抱えているのだから、公共投資を増やすことなどできない。まして無駄な公共投資など、論外ではないか」という批判がくることが容易に予想されます。

財政赤字の問題をどうするのか。これは、大変重要な問題ですので、第六章で議論しますが、結論を急げば、財政赤字の問題は心配いりません。

仮に財政赤字が問題だとしても、デフレである限りは、経済は停滞し、税収は増えないので、財政赤字は減りません。政府が歳出を削減したら、デフレ不況が悪化し、税収はさらに減るので、結局、財政赤字は減りません。

どうしても財政赤字を減らしたいというならば、最低限、デフレを脱却するしかないのです。インフレになれば、無駄な歳出は、気が済むまで削減して結構です。いや、むしろすべきです。

もっとも、インフレ時には、そんなにやっきになって歳出をカットしなくても、経済成長により税収も増えているでしょうから、財政赤字は勝手に減っているでしょう。

公共投資は無駄だった？

このように、公共投資は需要を生み出すので、デフレ対策としては大変有効なのです。

しかし、日本では「公共投資は無駄」という意見がいまだに根強くあります。

その根拠の一つとして言われるのは、「バブル崩壊後、巨額の公共投資が景気対策として行われたが、不況から脱することができなかったではないか」ということです。

しかし、この主張は、実は、間違いなのです。

まず、日本の公共投資が増加したのは、90年代前半だけで、90年代後半以降は減少に転じました。2000年代に入ると、公共投資はさらに減らされました。

そして、日本経済がデフレに突入したのは、まさに公共投資が減少し、消費税が5%へと増税された後の1998年からです。公共投資が減らされる前の90年代前半は、少なくともデフレは回避できていたのです。

しかも、公共投資が増加したとされる90年代前半ですら、90年度から96年度にかけて、一般政府（中央政府と地方政府）による投資額は、約13兆円増加しただけでした。中央政府による投資額に限れば、1兆5000億円程度しか増加していないのです。[注3]

したがって、1990年代の日本の経験は、公共投資が多すぎたとか、意味がなかったということを示すものではありません。むしろ、その逆です。1990年代の公共投資は多すぎたのではなく、少なすぎたのです。

そもそもバブルの崩壊とは、資産価値がいきなり半減したほどの大きなショックでした。その大ショックに対応し、デフレへの転落を防ぐためには、中途半端な景気対策では駄目だったのです。もっと巨額の公共投資をもっと長く続けるべきでした。そうしていれば、デフレにはならず、日本経済はもっと成長していたことでしょう。

ちなみに、国際通貨基金（ＩＭＦ）もまた、２０１４年10月の「世界経済見通し」において、日本の90年代前半の財政政策を検証し、当時の公共投資の規模は不十分であったものの、効果がなかったというのは間違いであると結論しています。[注4]

ＩＭＦと言えば、緊縮財政が大好きなことで悪名高い国際機関です。そのＩＭＦですら、日本の90年代の財政出動は無駄ではなく、むしろもっと積極的にやるべき

注3　服部茂幸『日本の失敗を後追いするアメリカ―「デフレ不況」の危機』ＮＴＴ出版、２０１１年 pp.200-3
注4　http://www.imf.org/external/pubs/ft/weo/2014/02/pdf/c3.pdf

だったと言っているのです。

インフレ対策とデフレ対策とは、正反対

産業や労働者は保護して、競争は抑制しろ。
グローバル化には背を向けて、保護主義に走れ。
政府は大きくしろ。公務員は増やせ。公務員の給料も上げろ。
無駄な公共投資であっても、増やすほうが削るよりもずっとまし。

これだけ聞けば、単なる暴論でしょう。しかし、これらは、どれも「デフレ」の時には、正しい政策なのです。

逆に言えば、デフレではない時、インフレの時には、これらの政策は確かに暴論以外の何物でもありません。

なぜ、インフレの時には暴論であるものが、デフレの時には正論になるのでしょうか。

理由は簡単です。

インフレとデフレとは、正反対の現象だからです。

インフレは「需要過剰／供給不足」、デフレは「需要不足／供給過剰」。

そうであるならば、**インフレ対策とデフレ対策も正反対**にならなければ、おかしいでしょう。分かりやすい話です。

『鏡の国のアリス』のように、インフレの世界で正しいことは、デフレの世界では間違いなのです。そして、インフレの世界で間違っていることは、デフレの世界では正しいのです。

さて、経済としては、一般的に、デフレのほうが異常です。正常に成長している経済では、物価は穏やかに上昇しています。マイルドなインフレが、正常なのです。

要するに、生産性の向上や無駄の排除が「正しい」と思われているのは、マイルドなインフレの正常な経済を暗黙の前提としているからなのです。

本来であれば、デフレになったのであれば、正常なインフレ経済の下で「間違い」とされてきたことをあえてやらなければなりませんでした。それが、デフレ対策というものです。

しかし、正常な経済の下で「間違い」とされる政策については、理解を得ることは非常に難しい。だから、実行されない。

例えば、デフレで個人が節約を余儀なくされ、企業が断腸の思いでリストラを行っている時に、政府だけ財政支出を拡大したり、公務員の数を増やしたりしたら、国民は政府に怒りの矛先を向けるでしょう。

デフレが長引いてしまった理由の一つは、デフレ対策を理解するのが難しいという点にあるのではないでしょうか。

第四章 仮想通貨とは、何なのか

仮想通貨の登場

デフレから脱却するためには、「需要不足／供給過剰」を解消しなければなりません。そのためには、財政出動、「大きな政府」、金融緩和、産業・労働者の保護、競争の抑制、グローバル化の抑制といった、平成日本の常識では悪とされたこと（金融緩和を除く）をやらなければなりません。

このような主張に対しては、次のような反論が想定されます。実際に、平成日本では、次のような議論を展開する経済学者たちがいました。

「デフレとは、貨幣の価値が上がる現象だ。だから、デフレから脱却するためには、貨幣の価値を下げていく必要がある。要するに、貨幣の供給量を増やしさえすればよいのだ」

こういう主張をする経済学者たちは、デフレを日本銀行のせいにしていました。日本銀行が貨幣の供給量を増やさないから、デフレが終わらないのだというわけです。

確かに、デフレとは、貨幣の価値が上がる現象です。貨幣の供給量が増えれば、貨幣の価値が下がるから、デフレは終わる。そう言われれば、そうかもしれません。では、貨幣の供給量は、どのようにすれば増えるのでしょうか。

この問いに答えるためには、まずは、貨幣とは何なのかを知っておかなければなりません。

貨幣が何なのかくらい、誰でも知っている。そう思われたかもしれません。しかし、意外なことに、実は、貨幣とは何かを正しく理解している人は、非常に少ないのです。

それどころか、主な経済学の教科書のほとんどが、貨幣について正確に説明していません。経済学者、政治家、官僚など、経済政策を動かしているエリートのほとんどが、貨幣について誤解していると言っていいと思います。

何も驚くことはありません。その証拠に、日本は、デフレから脱却できなくなっているではありませんか。エリートたちが貨幣について正しく理解していないから、貨幣の供給量の増やし方が分からず、デフレを克服することができないのです。

では、あらためて、貨幣とは何かを説明していきましょう。

まず、手始めに、昨今、世間を賑わせている「仮想通貨」を題材にして、貨幣とは何かを考えてみましょう。ちなみに、２０１８年5月時点で、仮想通貨を世界で最も多く保有しているのは日本人なのだそうです。[注5]
そもそも仮想通貨とはいかなるものなのでしょうか。代表的な仮想通貨ビットコ

注5 https://medium.com/daliaresearch/how-many-people-actually-own-cryptocurrency-4ff460301520

インを例にとって確認しておきましょう。

ビットコインは「マイニング（採掘）」と呼ばれる数理処理を行うと、その報酬として得ることができる仕組みになっています。しかし、マイニングは非常に難解な数理処理なので、誰でもできるわけではありません。そこで、ビットコインの購入希望者は、通常は、取引所を利用します。

ただし、ビットコインには、2100万BTC（「BTC」は、ビットコインの単位）までという発行上限が定められており、また、発行量が増えるほど、マイニングが難しくなるように設計されています。こうすることで、ビットコインは、その希少性を担保しているのです。この希少性が、ビットコインの価値の源泉となっているのです。

このビットコインの仕組みは、明らかに、昔の金貨や銀貨などの「金属貨幣」をモデルにしたものです。

金銀などの貴金属は鉱山で採掘されます。しかし、その採掘量には限りがある。

つまり、希少性があるのであり、その希少性ゆえに高い価値が認められています。この鉱山採掘に該当するのが、文字通り「マイニング」です。ビットコインとは、まさに金属貨幣の電子版だと言ってもよいでしょう。

しかし、昔の金貨や銀貨は、国家などの政治権力が発行し、貨幣としてのお墨付きを与えていたのに対し、今のところ、仮想通貨の背後には国家権力はありません。この「国家権力の裏付けがない」ということから、仮想通貨に大きな期待を寄せる人たちがいます。

例えば、経済学者の竹中平蔵氏は、ビットコインについて「通貨決済の手段としても、国や権威やお墨付きが無ければ安心できなかったのだけれども、新しい技術を駆使することによって、そうじゃなくてできるようになった[注6]」とコメントしています。

アップル社の共同創業者スティーブ・ウォズニアック氏に至っては「ビットコイ

注6 https://coinchoice.net/takenaka_heizo_bitcoin1/

ンは、金《きん》や米ドルより優れている」と手放しで絶賛しています。
ウォズニアック氏の見方によれば、金《きん》は、採掘技術が進歩すれば、供給が増え、価値が下がってしまう。米ドルは、中央集権的な権力が創造できる「インチキのたぐい」にすぎない。これに対してビットコインの供給には、予測可能な有限性がある。だから、ビットコインは、金貨や米ドルよりも優れている。ウォズニアック氏は、そう言うのです。[注7]

哲学者の東浩紀氏もまた、仮想通貨NEMの不正流出問題について論じる中で、次のような見解を表明しています。

仮想通貨の技術はすばらしい。通貨は信頼によって成立している。従来の通貨においては、その信頼は各国の中央銀行が支えていた。ところが仮想通貨を生み出した「ブロックチェーン」という技術は、その信頼を匿名の計算機の集合で生み出してしまう。この仕組みを使えば、中央銀行のような権力に頼ることなくだれでも通貨が発行できる。これは画期的な技術で、たしかに社会のありかたを根底から変える可能性を秘めている。

ところが今回明らかになったのは、そのすばらしい技術を肝心の人間がうまく使えていないという、じつに残念な事実である。注8

仮想通貨の決定的な欠陥

竹中氏、ウォズニアック氏そして東氏の三人は、いずれも「仮想通貨は、政府や中央銀行のような中央集権的な権力から自由な通貨である」という点を高く評価しています。

しかし、仮想通貨が現在の通貨の代わりになるのは、無理でしょう。なぜなら、仮想通貨には、通貨として機能する上で、ある深刻な問題を抱えているからです。

それは、デフレやインフレといった物価にまつわる問題です。

注7　https://blog.unocoin.com/steve-wozniak-bitcoin-is-better-than-gold-and-usd-4fdbfcb6e5bb

注8　https://dot.asahi.com/aera/2018020700031.html?page=1

再び、ビットコインを例にとってみましょう。

すでに述べたように、ビットコインには、その希少価値を担保するために、発行量に上限が課せられています。発行上限がなかったら、ビットコインには価値はありません。しかし、この発行上限は、ビットコインを交換手段として用いる上では、実は、深刻な障害となっているのです。

というのも、供給量に制限があるということは、ビットコインは、その利用が拡大し、その需要が増えるにしたがって、その希少性がますます高まり、価値も上がっていくということになります。

しかし、貨幣の価値が上がるということは、裏を返せば、物価が下がる、つまりデフレを引き起こすということです。

デフレとは、貨幣価値が上昇し、人々がモノよりもカネを欲しがる状態のことです。デフレでは、人々がモノを買わなくなり、カネを貯め込む。その結果、需要が不足し、物価はさらに下がる（貨幣価値はさらに上昇する）。この悪循環がデフレ不況であることは、すでに説明した通りです。

戦前の世界では、通貨の価値は金《きん》によって裏付けられていると考えられ、通貨と金《きん》の交換が一定比率で保証されていました。このような制度を「金本位制」と言います。

金本位制の下では、貨幣の供給量は、金《きん》の量に制約されていました。このため、貨幣需要が増大しても、それに応じて貨幣供給を増大させることができませんでした。こうしたことから、金本位制の時代には、しばしばデフレが起きました。その最悪の例が、１９３０年代の世界恐慌です。

ビットコインの仕組みは、金貨の電子版ともいうべきものです。それゆえに、デフレを引き起こすという金本位制と同じ問題を抱え込んでしまっているのです。

ビットコインには、ブロックチェーンなど最新のテクノロジーが用いられているそうです。しかし、ビットコインの仕組みは、「金本位制」という古くて欠陥のある制度と発想が同じなのです。

これに対して、現代の通貨は、貴金属との交換が保証されていません。これを「不換通貨」といいます。不換通貨は、金《きん》の量に制約されずに、供給量を増やせるので、デフレを回避できるのです。

ウォズニアック氏は、ビットコインは予測可能な有限性があるから素晴らしいと称賛していました。しかし、その有限性こそが、デフレを引き起こすのです。そして、デフレ不況から人々を救えるのは、彼がインチキ呼ばわりした米ドルのほうなのです。

他方、東浩紀氏は「中央銀行のような権力に頼ることなくだれでも通貨が発行できる」と仮想通貨を称賛していました。しかし、誰もが仮想通貨を発行し、次々とそれを流通させていくような事態になったら、仮想通貨の価値は暴落してしまうでしょう。

金貨であれば、価値が暴落しても、最終的には金《きん》の価値が残るのかもしれません。しかし、仮想通貨が暴落したら、何の価値も残りません。

誰でも発行できる通貨など、誰も欲しがらないのです。つまり、誰でも発行できる通貨は、デフレとは反対のハイパーインフレを引き起こしてしまうのです。

どうやら、ウォズニアック氏はデフレについて、東氏はインフレについて、理解していなかったようです。だから、仮想通貨に過大な期待を寄せてしまったのではないでしょうか。

第五章 お金について正しく理解する

貨幣とは、負債の一種

では、あらためて、貨幣とは、いったい何なのでしょうか。

これについては、イングランド銀行の季刊誌（２０１４年春号）に掲載された貨幣に関する入門的な解説が大変参考になります。そこには、こう書いてあります。

今日、**貨幣とは負債の一形式**であり、経済において交換手段として受け入れられた特殊な負債である。[注9]

このように、貨幣を「負債」の一種とみなす学説を「信用貨幣論」といいます。これに対して、貨幣の価値は、貴金属のような有価物に裏付けられているとする学説は「商品貨幣論」と呼ばれています。

さて、「信用貨幣論」と「商品貨幣論」のどちらが正しいのでしょうか。

一般の人々が抱いている貨幣というもののイメージは、「商品貨幣論」のほうであるように思われます。

また、かつての金本位制は「商品貨幣論」に基づいた制度です。仮想通貨もまた、その根底にある貨幣観は「商品貨幣論」だといえるでしょう。しかし、現代の貨幣は、貴金属などの有価物との交換を保証されていない「不換通貨」であるにもかかわらず、「お金」として広く使われています。どうして、そうなのでしょうか。

これは「商品貨幣論」では説明が難しい。だから、ウォズニアック氏は、現代の貨幣を「インチキのたぐい」と言ったのでしょう。しかし、現代の貨幣をインチキ呼ばわりする前に、そもそも「商品貨幣論」が間違っていると考えるべきではないでしょうか。

イングランド銀行の季刊誌の解説も「商品貨幣論」を否定しています。この解説は、貨幣とは負債であるとする「信用貨幣論」の意味を分かりやすく説明するために「ロビンソン・クルーソーとフライデーしかいない孤島」という架空の事例を挙げています。

その孤島で「ロビンソン・クルーソーが春に野苺を収穫してフライデーに渡す。その代わりに、フライデーは秋に獲った魚をクルーソーに渡すことを約束する」とします。

この場合、春の時点では、クルーソーにはフライデーに対する「信用」が生じます。反対にフライデーにはクルーソーに対する「負債」が生じています。そして、

注9　Michael Mcleay, Amar Radia and Ryland Thomas, 'Money in the Modern Economy: An Introduction', Quarterly Bulletin, 2014a, Q1, Bank of England, p.12
https://www.bankofengland.co.uk/-/media/boe/files/quarterly-bulletin/2014/money-in-the-modern-economy-an-introduction.pdf?la=en&hash=E43CDFDBB5A23D672F4D09B13DF135E6715EEDAC

秋になって、フライデーがクルーソーに魚を渡した時点で、フライデーの「負債」は消滅します。

このように、取引関係は、「信用」と「負債」の関係として理解できるのです。イングランド銀行の季刊誌の解説は、このように説明しています。

ここで重要なのは、このクルーソーとフライデーの野苺と魚の取引が、同時に行われるのではなく、春と秋という異なる時点で行われるということです。

というのも、野苺と魚を同時に交換する「物々交換」の場合には、取引が一瞬で成立しているので、「信用」や「負債」は発生していません。

しかし、春と秋といったように、異なる時点の間での取引関係では先ほど説明したように、「信用」と「負債」の関係になるのです。

さて、このクルーソーとフライデーの例において、もう一度、春の時点、つまりフライデーが、クルーソーに対して「秋に魚を渡す」という債務を負った時点に戻ってみましょう。

この時、フライデーがクルーソーに対して、「秋に魚を渡す」という「借用証書」を渡したとしましょう。

ここで、話を少しアレンジして、この島には、クルーソーとフライデー以外に、サンデーという第三者がいたとします。

サンデーは、火打ち石を持っているとする。そして、クルーソーが、フライデーに対する「借用証書」をサンデーに渡して、その火打ち石を手に入れたとしましょう。

さらに、この三人に加えて、マンデーという人もいたとします。

マンデーが持っているのは、干し肉です。そして、サンデーがそのマンデーに例の「借用証書」を渡して、その干し肉を手に入れたとします。

その結果、フライデーは「秋に魚を渡す」という債務を、マンデーに対して負ったということになります。

この例の場合、フライデーの「秋に魚を渡す」という債務は、クルーソー以外の三人にも譲渡可能なものとなっています。

つまり、クルーソーたち四人の島では、このフライデーの債務の存在を示す「借用証書」が、貨幣となっているのです。

これが「貨幣とは、負債の一形式である」ということの意味です。

ところで、このクルーソーたち四人の島で、この「借用証書」が本格的に「貨幣」として流通するためには、いくつか、条件があります。

まず、フライデーが「秋に魚を渡す」という約束を必ず守るという信用がなければ、この「借用証書」を誰も受け取ってくれないので、取引の手段としては、使えません。

また、この「借用証書」をマンデーもサンデーも受け取るためには、クルーソーの「野苺」、フライデーの「魚」、サンデーの「火打ち石」、マンデーの「干し肉」の価値がちょうど等しくなければなりません。

しかし、この四人だけの世界とは違って、現実の経済における財・サービスの取引は、無数の主体の間で行われます。このため、取引される財・サービスの数は膨大になり、「売り手」と「買い手」の間の「信用／負債」関係もまた無数に存在するということになります。

そうなると、クルーソーたちの世界のように、数人の間の関係だけで「信用／負債」関係を解消することは、現実の巨大で複雑な経済では、とうてい不可能です。

そこで、ある二者間の関係で定義された「負債」と、別の二者間の関係で定義された「負債」とを相互に比較し、決済できるようにするために、負債の大きさを計算する共通の表示単位が必要となります。

この共通の負債の表示単位が、例えば、円やドルやポンドといったものなのです。

以上が「貨幣とは、負債の一形式である」という信用貨幣論のポイントです。

貨幣の歴史

信用貨幣論が正しくて、商品貨幣論は間違いである。

これは、歴史をみても裏付けられます。

一般に、おカネの起源というのは、次のようなものだと広く信じられてきました。

いや、一般にそう信じられているだけではなく、主流派の経済学者たちも、次のように説明してきたのです。

それは、こんな物語でした。


昔々、人々は物々交換でモノをやり取りしていました。

自分に必要なモノは、全部、自分で作れるわけではないので、何か必要なモノがあるときは、それを持っている誰かのところに行って、自分が作るモノと交換したのです。

しかし、それは、大変面倒なことでした。

やがて、人々は、ある価値のあるモノを選んで、それを「交換の手段」としました。例えば、金とか銀とかいった貴金属です。金とか銀とかは、それ自体に価値があるだけではなく、耐久性があり、また持ち運びに便利だからです。

こうして、おカネが生まれたのです。


この「物々交換の不便を解消するために、貨幣が生まれた」というストーリーは、「ある価値のあるモノを交換の手段にした」というくだりから明らかなように、商品貨幣論と結びついています。

ところが、貨幣の起源を研究した歴史学者や人類学者たちは、今日に至るまで誰も、「物々交換から貨幣が生まれた」という証拠資料を発見することができませんでした。

それどころか、硬貨が発明されるより数千年も前のエジプト文明やメソポタミア文明には、ある種の信用システムがすでに存在していたのです。

例えば、紀元前３５００年頃のメソポタミアにおいては、神殿や宮殿の官僚たちが、臣下や従属民から必需品や労働力を徴収し、また彼らに財を再分配していました。そして、神殿や宮殿の官僚たちが、臣下や従属民との間の債権債務を計算したり、記録したりするための計算単位として、貨幣が使われていたのです。

また、古代エジプトは私有財産や市場における交換は存在しない世界でしたが、そこに貨幣は存在していました。その貨幣もまた、国家が税の徴収や支払いなどを計算するための単位として使われていました。

貨幣は、物々交換や市場における取引ではなく、「信用／負債」の関係を起源としているのです。[注10]

銀行は、貨幣を創造することができる

あらためて、信用貨幣論が説明するように、貨幣とは、第三者にも譲渡することができる特殊な形式の「負債」です。

ですから、**貨幣を創造するということは、負債を発生させるということ**になります。

もっとも、実際には、債務を負いさえすれば、誰でも貨幣を創造できるというわけではありません。なぜなら、負債には、「デフォルト（債務不履行）」、つまり借り手が貸し手に返済できなくなるという可能性があるからです。デフォルトのリスクを考えるなら、誰の負債でも、貨幣として受け取られるというわけにはいかないでしょう。

先ほどのクルーソーたちの島でも、みんながフライデーを「あいつは、必ず秋に魚を渡す男だ」と信頼していなければ、あの「借用証書」をサンデーもマンデーも貨幣として使いはしなかったでしょう。

それゆえ、デフォルトの可能性がほとんどないと信頼される特殊な負債のみが、「貨幣」として受け入れられ、流通するということになります。

そのような「貨幣」として流通するものは、現代経済においては**「現金通貨（中央銀行券と鋳貨）」と「銀行預金」**であるとされています。

中央銀行券（お札）と鋳貨（コイン）が貨幣であるのは、言うまでもありませんが、**「銀行預金」も貨幣**に含まれます。それは、銀行預金というものが、給料の受け取りや貯蓄に使われており、事実上、貨幣として機能しているからです。

しかも、貨幣の大半を占めるのは、現金よりもむしろ銀行預金のほうです。日本においても、貨幣のうち、現金が占める割合は2割未満です。

さて、現金通貨（のうち中央銀行券）を創造するのは、中央銀行です。例えば、一万円札（日本銀行券）を創造するのは、日本銀行です。

注10　デヴィッド・グレーバー『負債論：貨幣と暴力の５０００年』（第二章）以文社、２０１６年：フェリックス・マーティン『21世紀の貨幣論』東洋経済新報社、２０１４年：楊枝嗣朗『歴史の中の貨幣：貨幣とは何か』文眞堂、２０１２年

では、「銀行預金」という通貨（これを「預金通貨」といいます）を創造するのは誰でしょうか。

それは、実は、銀行なのです。

銀行が、預金通貨という通貨を創造する。これは、非常に重要なポイントです。

さて、銀行は、どうやって通貨を創造するのか。ここからの説明に、多くの読者は目を疑うでしょうから、覚悟して読み進めてください。

多くの人が、銀行は、個人や企業が貯蓄するために設けた銀行口座に預けた預金を元手にして、貸出しを行っていると思っています。

しかし、これは、実は、間違いなのです。

実際には、**銀行は、人々から集めた預金を元手にして、貸出しを行っているのではありません。**その反対に、**貸出しによって、預金という貨幣が創造される**のです。

そして、**借り手が債務を銀行に返済すると、預金通貨は消滅する**のです。

例えば、α銀行が、借り手のA社の預金口座に1000万円を振り込む場合、それは銀行が保有する1000万円の現金をA社に渡すのではありません。単に、A社の預金口座に1000万円と記帳するだけなのです。

このようにして、銀行は、何もないところから、新たに1000万円の預金通貨を生み出すことができてしまいます（これを「信用創造」といいます）。そして、この1000万円の預金通貨は、A社が返済すると消滅します。

信じられないかもしれませんが、これこそがイギリスの中央銀行であるイングランド銀行の見解であり、そして、銀行の融資業務の偽らざる実態なのです。[注11]

我が国の全国銀行協会が編集している『図説　わが国の銀行（10訂版）』にも、次のように書いてあります。

注11　Michael Mcleay, Amar Radia and Ryland Thomas, 'Money Creation in the Modern Economy', Quarterly Bulletin, 2014b, Q1, Bank of England, pp.14-27
https://www.bankofengland.co.uk/-/media/boe/files/quarterly-bulletin/2014/money-creation-in-the-modern-economy.pdf?la=en&hash=9A8788FD44A62D8BB927123544205CE476E01654

銀行が貸出を行う際は、貸出先企業Xに現金を交付するのではなく、Xの預金口座に貸出金相当額を入金記帳する。つまり、銀行の貸出の段階で預金は創造される仕組みである。注12

「銀行の貸出の段階で預金は創造される」のですから、銀行の貸出しが、元手となる資金の量的な制約を受けるということはありません。

この点は資本主義経済の仕組みの根幹に関わる話です。

現代の資本主義経済は、大規模な設備投資を必要とし、それゆえ巨額の資金を調達しなければなりません。しかし、銀行は、元手となる資金の量的制約を受けずに、貸出しを行うことができるので、企業の巨額の資金調達のニーズに応じて、貸出しを行うことができます。

もし、銀行が元手となる資金を集めなければ貸出しができないのだとしたら、巨額の設備投資は不可能になり、現代の資本主義は成り立たなかったでしょう。18世紀後半から19世紀前半にかけて、イギリスで産業革命が起きたのも、それに先行して、銀行制度ができていたからだという説もあります。資本主義が発展し続けてきたのは、信用創造という恐るべき機能をもつ銀行制度があったからなのです。

繰り返しますが、**銀行の貸出しが元手となる資金の量的な制約を受けるということはありません。**

もっとも、だからといって、銀行は何の制約もなく、いくらでも融資ができるというわけではありません。さすがに借り手側に返済能力がなければ、銀行は貸出しを行うことができない。

というわけで、銀行の貸出しの制約となるは、貸し手（銀行）の資金保有量ではなく、**「借り手の返済能力」**だということになります。

あえて大雑把に言えば、「借り手側に返済能力がある限り、銀行は、いくらでも

注12　全国銀行協会企画部金融調査室編『図説　わが国の銀行（10訂版）』財経詳報社、２０１７年 p20 ただし、残念ながら、同書には「貸出は、預金者から預入された預金を原資とするものであり」（p.86）という誤った記述もあります。

貸出しを行うことができてしまう」ということです。

とは言え、銀行は、いざという時の現金通貨の引き出しに備えて、中央銀行に一定額の**準備預金**（日本の場合は「日銀当座預金」）を設けておかなければならないと法令によって決められています。

例えば、銀行預金からの現金通貨の引き出しが大量にあった場合には、銀行は、準備預金から現金通貨を引き出して、支払います。この**準備預金制度**もまた、**銀行の貸出しの制約**となっています。

貸出しと預金の関係

まとめると、銀行が貨幣を供給するということは、貸出しを行う（信用創造）ということです。

銀行が貸出しを行うと、銀行預金という貨幣（預金通貨）が同時に発生します。銀行預金を元手に貸出しを行うのではなく、貸出しが銀行預金を創造するのです。

したがって、銀行は、元手資金の量に制約されずに、貸出しを行うことができます。ただし、借り手の返済能力の限度、そして準備預金制度などの規制が、銀行の貸出しの制約となっています。

銀行の貸出しが預金を生むのであって、その逆ではない。これは、どうしても直観に反するところがあり、なかなか理解しがたいと思いますので、補足説明をしたいと思います。

まず、私たちが自分の給料を銀行の預金口座に振り込む場合については、どう考えればいいのでしょうか。

例えば、α銀行に預金口座をもっているA社に勤務するサラリーマンaが、自分の給料40万円をβ銀行の個人口座に振り込むとします。この場合、サラリーマンaの個人預金は、確かに、β銀行に設けた自分の貸出しによって生じたものではありません。

しかし、このサラリーマンaのβ銀行における個人預金40万円は、元をたどれば、A社のα銀行の企業預金から給与として支払われたものです。貸出しによって生じたわけではないかにみえる個人預金もまた、いずれかの銀行の貸出しが源泉となっているということです。

では、銀行が貸付けによって預金を創出できるというのであれば、どうして銀行は、個人や企業からの預金集めに奔走しているのでしょうか。

それを考えるに当たって、気をつけなければならないのは、銀行が貸付けによって生み出した預金のすべてが、その銀行にとどまるわけではないということです。

例えば、企業Aは、α銀行から借り入れた資金7000万円のうち、5000万円を企業Bからの仕入れに充てるとし、企業Bは受け取った5000万円を取引先のβ銀行に振り込むとします。この場合、α銀行が企業Aに貸付けたことで生じた預金のうち、5000万円分がβ銀行に流出しています。

このように、銀行は、貸付けによってお金を生み出しますが、そのお金は他行に流出してしまうことがあるということです。むしろ、そういう場合のほうが一般的でしょう。

そこで、α銀行は、支払うべき小切手・手形の決済や現金の引き出しの需要に応じられなくなることがないよう、流出した資金の穴埋めをしようとします。つまり、

α銀行は、個人や企業からの預金の吸収に努めるのです。

要するに、銀行が預金集めに奔走しているのは、自行の資金繰りを円滑にするためなのです。[注13] おそらく、この銀行の行動が、貸出しの原資を集めているのだと誤解されてしまったのでしょう。

すでに述べたように、個々の銀行の実態を見ると、銀行の貸付量は、その銀行が有する預金量と必ずしも同じにはなりません。ただし、個々の銀行の資金量を集計した全体で見ると、貸付けの総量と預金の総量は一致します。

言い換えれば、ミクロでは「銀行の貸付量≠その銀行の保有する預金量」ですが、マクロでは「貸付の総量＝預金の総量」だということです。ここでもまた、「ミクロ」と「マクロ」を混同しないようにすることが重要になります。

注13 横山昭雄『真説　経済・金融の仕組み：最近の政策論議、ここがオカシイ』日本評論社、２０１５年 pp.80-90

貨幣と租税

さて、すでに述べましたが、銀行は、預金者から現金通貨の引き出しを求められた場合には、それに応じなければなりません。

ところで、現代の現金通貨は、貴金属との交換が保証されない「不換通貨」です。では、その現金通貨は、なぜ貨幣として流通しているのでしょうか。お札は、どうして単なる紙切れではなく、「お金」として使われているのでしょうか。

これについては諸説ありますが、私が最も有力だと思うのは、**「通貨は、納税の手段となることで、その価値を担保している」**という説です。この説を採用する経済理論は**「現代貨幣理論」**と呼ばれています。[注14]

この「現代貨幣理論」の貨幣理解のポイントは、次のようなものです。

まず、国家は、国民に対して納税義務を課し、「通貨」を納税手段として法令で決める。

こうして国民は、国家に通貨を支払うことで、納税義務を履行できるようになる。
その結果、**通貨は「国家に課せられた納税義務を解消することができる」という価値をもつ**こととなる。
その価値ゆえに、通貨は国民に受け入れられ、財・サービスの取引や貯蓄など、納税以外の目的でも広く使用されることとなる。

このように、「現代貨幣理論」は、**「通貨の価値を裏付けるものは、租税を徴収する国家権力である」**と唱えるのです。

もっとも、歴史をひもとけば、国家が納税手段として法定していないものでも、貨幣として流通した例はあります。確かに、国家が納税手段として法定していないものが、貨幣として使われることは、あり得るかもしれません。しかし、そのこと

注14　L. Randall Wray, Modern Monetary Theory: A Primer on Macroeconomics for Sovereign Monetary Systems, Palgrave MacMillan, 2012

は、「現代貨幣理論」を否定するものではありません。

というのも、「現代貨幣理論」は、国家の徴税権力は貨幣の「必要条件」ではないが、「十分条件」ではあると考えているのです。「現代貨幣理論」が言いたいのは「国家が納税手段として法定したものは、すべて貨幣として使われる」ということなのです。

そして実際に、現代の通貨は、その価値を国家の徴税権力に裏付けられています。

私は、この「現代貨幣理論」の貨幣理解は正しいと思います。

日本がデフレから脱却できないのは、経済政策を動かすエリートたちが貨幣を正しく理解していないからです。しかし、「現代貨幣理論」の貨幣理解をマスターすれば、正しいデフレ脱却の方策も見えてくることでしょう。

日本経済の再生は、貨幣を正しく理解することから始まると言っても過言ではありません。

正しい貨幣理解に基づいたデフレ脱却の方法については、次章で明らかにすることとします。

その前に、本章の議論を踏まえた上で、もう一度、仮想通貨について振り返ってみましょう。

本物の通貨は、負債の一種であり、「信用貨幣」です。しかし、仮想通貨は、信用貨幣ではありません。仮想の「金属貨幣」です。

本物の通貨（預金通貨）は、銀行の信用創造から供給されます。しかし、仮想通貨は、信用創造とは関係がありません。

本物の通貨は、納税義務を解消することができます。それが、本物の通貨を支える基盤的な価値です。

しかし、仮想通貨では、納税義務の解消はできません。では、仮想通貨の価値を支える基盤的な価値とは、いったい何なのでしょうか？

何もないのです。

ですから、仮想通貨について、竹中、ウォズニアック、東の三氏のように「画期的な技術で、確かに社会のあり方を根底から変える可能性を秘めている」などと期待しないほうがよいでしょう。

第六章　金融と財政をめぐる勘違い

社会通念がひっくり返る

前章で説明した「貨幣」とは何かについて、おさらいしましょう。

「貨幣」とは、現金（現金通貨）と預金（預金通貨）のことである。そして、貨幣全体の8割以上は、「預金通貨」が占めている。

預金通貨は、銀行が貸出しを行うことで増える。銀行は、借り手の預金口座に金額を記帳するだけで、その金額の預金を生み出すことができる。こうして、預金通貨という貨幣が供給される。

銀行は、手元にある預金を貸し出すのではない。その反対に、貸出しが預金を生み出す。

だから、借り手の資金需要がある限り、銀行は、手元にある資金の制約を受けることなく、貸出しをすることができる。

銀行の貸出しの限界は、手元の資金量ではなく、借り手の返済能力にある。


これは、「銀行が預金を集めて、それを貸し出す」という社会通念をひっくり返すものですが、これこそが、実態なのです。

そして、この銀行についての社会通念がひっくり返ると、経済政策について一般に流布しているいくつもの社会通念が、根本からくつがえることになります。

順番に見ていきましょう。

まずは、金融政策についての社会通念からです。

デフレ下では、中央銀行は貨幣供給量を増やせなくなる

前章で貨幣について説明した際、私は、イングランド銀行の季刊誌の入門的な解説を紹介しました。

そのイングランド銀行の季刊誌の解説は、多くの経済学の教科書が、貨幣供給について間違った説明をしていると指摘しています。注15

その教科書の間違った説明というのは、次のようなものです。

中央銀行が保有するマネタリー・ベース（現金通貨と準備預金の合計）を供給すると、各銀行は、それを裏付けとして貸出しを増やしていく。その結果、銀行システム全体で乗数倍の貸出し・預金が形成される。これが「貨幣乗数」の理論である。

この説明によれば、中央銀行は、マネタリー・ベースの量を操作することで、貨幣供給の量を操作できるということになります。なお、「貨幣供給量」とは、個人

や企業（民間非金融部門）の保有する現金通貨と預金通貨の合計のことで、銀行の保有する準備預金（日銀当座預金）は含まれません。

この「貨幣供給量」を増やし、インフレを起こすためには、中央銀行がマネタリー・ベースを増やせばよいということです。

しかし、信用貨幣論が明らかにしたように、銀行による貸出しは、借り手の預金口座への記帳によって行われるにすぎません。銀行の手元にある預金は、銀行の貸出し能力の制約とはならないのです。貸出しの制約となっているのは、あくまで借り手の資金需要です。

したがって、中央銀行がマネタリー・ベースの量を操作して、各銀行の準備預金を増やしたところで、**借り手のほうに資金需要がない限り、銀行の貸出し（すなわち預金通貨の創出）は増えません。**

そして、デフレとは需要不足、つまり、民間に資金需要がない状態です。

したがって、デフレの時には、中央銀行は、貨幣供給量を増やせず、したがって

注15　Mcleay, Radia and Thomas（2014b）, p.15

インフレを起こせないのです。

もっとも、銀行は貸出しを増やせば、それに応じた準備預金も増やさなければならないというルールになっています。したがって、中央銀行は、準備調達の価格（すなわち金利）を調節すれば、銀行の融資活動に影響を及ぼし、貨幣供給量を調整することはできます。

もし、民間に借入れの需要があるならば、金融政策は有効に機能するでしょう。例えば、借入れの需要が多すぎて、銀行が貸出しをしすぎている場合、つまりインフレの場合には、中央銀行が金利（準備調達の価格）を上げることで、貸出しを抑制できます。そうすると、インフレもまた抑制される。

しかし、デフレの時のように、民間に借入れの需要がない場合には、準備預金を増やしたところで、銀行の貸出しは増えようもありません。**預金通貨が増えるから、それに応じてマネタリー・ベースが増やされるのであって、マネタリー・ベースが増えるから預金通貨が増えるのではない**のです。

馬が水を飲むのは、水が飲みたいからです。水を飲みたくない馬を無理やり水飲み場に連れていっても、水を飲ませることはできない。それと同じです。

こうしたことから、中央銀行は、インフレ対策は得意ですが、デフレ対策は苦手なのです。このことは「紐では、引けるけれど、押せない」という格言でも知られています。

ところが、経済学の教科書には、中央銀行がマネタリー・ベースを操作することで、貨幣供給量を操作していると書いてあるのです。

恐ろしいことに、経済学の教科書は、事実とは正反対のことを教えているのです。これは、現代の天文学の教科書が天動説を教えているようなものではないでしょうか。

さて、２０１２年に成立した安倍晋三政権の下で、黒田東彦氏が日本銀行総裁に就任すると、日銀は「インフレ率を２％にする」という目標（インフレターゲット）を掲げ、その目標を達成すべく、大規模な量的緩和（マネタリー・ベースの増加）を実行しました。

日本銀行は、2013年3月からマネタリー・ベースを大胆に増やしていき、その金額は2018年10月には500兆円に達しました。しかし、その間、物価はほとんど上昇せず、デフレ脱却の目標は今のところ未達成に終わっています。

黒田日銀の量的緩和がインフレを起こすのに失敗したのは、当然でしょう。**貨幣供給量が増えるとマネタリー・ベースが増えるのであって、マネタリー・ベースが増えるから貨幣供給量が増えるのではない**からです。

財政赤字をめぐる誤解

次に、財政政策をめぐる社会通念について、検証してみましょう。

日本は、巨額の財政赤字を抱えています。GDPに占める政府債務残高は、平成30年度には、ついに240%近くにまで迫っており、主要先進国と比較しても、最悪の水準になっています（**図4**）。

これは、財政危機にあるギリシャやイタリアよりも、はるかに大きい値です。

財政危機ならば、国債を買う人がいなくなるので、金利は暴騰するはずです。と

図4◎財務省HPより 「債務残高（対GDP比）の国際比較」

債務残高の対GDP比を見ると、1990年代後半に財政の健全化を着実に進めた主要先進国と比較して、我が国は急速に悪化しており、最悪の水準となっています。

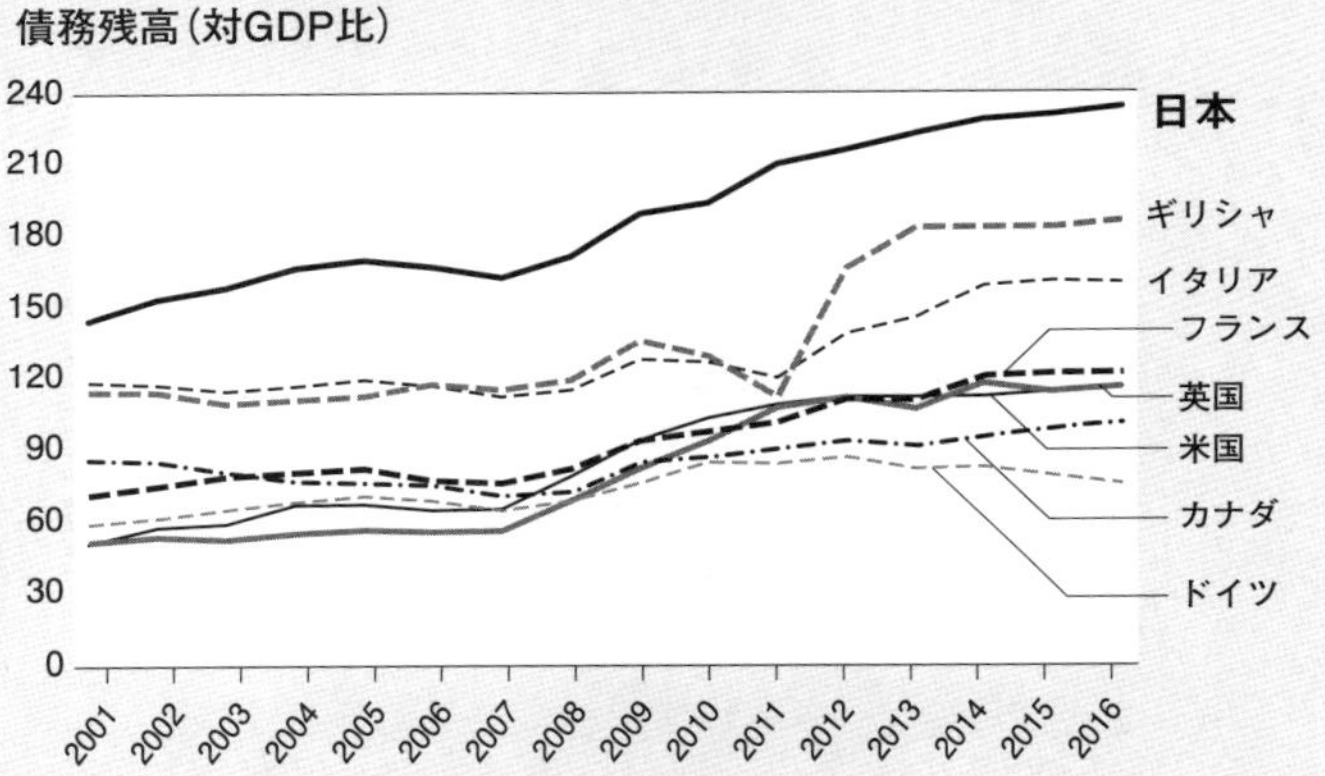

図5◎政府債務残高及び長期国債金利の推移

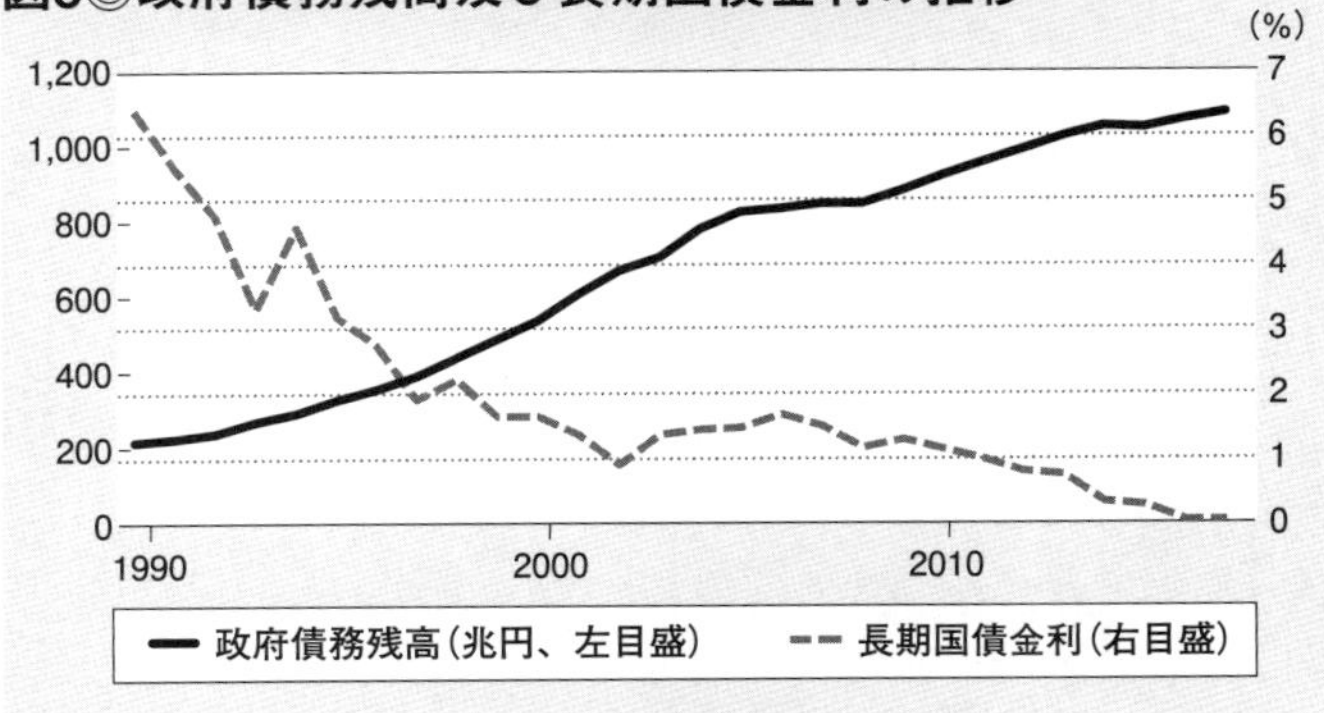

出典）島倉原作成・提供（データ出所は財務省、日本銀行および内閣府）

ころが、日本国債の金利は、世界最低水準で推移してきました。**政府債務が積み上がっていっているのに、金利は逆に下がっていったのです（図5）**。

つまり、日本は財政危機にあるはずなのに、日本国債の買い手が山ほどいるということです。これは、なぜなのでしょうか？

よくある答えは「民間部門に貯蓄がたっぷりあって、それが日本国債を買っているからだ」というものです。

例えば、プリンストン大学教授の清滝信宏氏は、２０１１年に、日本の財政破綻を懸念して、次のように述べていました。

国債のほとんどは日本国内の投資家に所有されているのだから問題ないと言う人もいますが、いつかは外国人に買ってもらわなければ財政が回らなくなります。最近、家計の貯蓄率は下がっています。それでも、企業の貯蓄率が投資率に比べて高いので、まだ、ほとんどの国債は国内で消化されています。しかし、それは長くは続かないでしょう。

外国人に頼らなければならなくなる時期が〝いつ〟訪れるのか、明確には予測できません。しかし、近い将来であることは確かでしょう。今のような1～1・5％の金利で、10年後も政府がお金を借りられるとは思えません。[注16]

このように、2011年時点での清滝氏は、10年後には、政府は国債を国内で消化できず、1～1・5％のような安い金利では国債を発行できなくなっていると予想していました。

さて、それからおよそ8年が経ちました。その間、政府債務残高／GDPは増え続けて、ついに230％を超えました。

ところが、政府は、1～1・5％どころか、0・03％程度の金利で、お金を借りているのです。清滝氏の予想は、大きく外れました。それにもかかわらず、清滝氏はなおも同じ主張を繰り返しながら、財政破綻を心配しているのです。[注17]

注16　日経ビジネスon line「投資・金融　復興の経済学　懸念は財政、金融政策で名目賃金の上昇を　米プリンストン大学　清滝信宏教授に聞く」2011年4月11日

財政赤字は民間貯蓄に制約されない

清滝教授は「日本では、民間貯蓄が潤沢にあるから、政府は巨額の借金ができる。しかし、民間貯蓄がなくなったら、財政は破綻する」と考えています。

財務省の財政制度等審議会も同じ考えのようで、「財政健全化に向けた考え方」(平成26年5月)の中で次のように述べています。

> 諸外国と比較しても、歴史を振り返っても、我が国の債務は、ほとんど他に類を見ない水準まで累増しているが、これまでは家計が保有している潤沢な金融資産と企業部門の資金余剰という国内の資金環境を背景に、多額の新規国債と債務償還に伴う借換債を低金利で発行できている。

しかし、この考え方は、間違いなのです。

先ほど「銀行の企業への貸出しが預金を創造する」と説明しました。銀行の企業への貸出しは、銀行が保有する預金の制約を受けないのです。

そうだとすると、政府への貸出しもまた、預金による制約を受けることはないということになるはずです。

ただし、政府は企業とは違って、民間銀行に預金口座を保有しているわけではありません。政府は、中央銀行にのみ口座を開設しています。このため、例えば日本では、銀行が国債を購入する場合には、銀行が日銀に保有する当座預金残高を利用するしかありません。

こうしたことから、銀行が国債を購入するプロセスは、具体的には、次のようになります（P.123の**図6**）。

①銀行が国債（新規発行国債）を購入すると、銀行保有の日銀当座預金は、日銀に開設された政府預金に振り替えられる

②政府は、例えば公共事業の発注にあたり、請負企業に政府小切手によって

注17 日本経済新聞「リーマン後10年、次の危機は（時論）清滝信宏氏米プリンストン大教授」2018年8月14日
https://r.nikkei.com/article/DGXMZO34111020T10C18A8TCR000?s=3

その代金を支払う

③企業は、政府小切手を自己の取引銀行に持ち込み、代金の取立を依頼する

④取立を依頼された銀行は、それに相当する金額を企業の口座に記帳する**（ここで新たな民間預金が生まれる）**と同時に、代金の取立を日本銀行に依頼する

⑤この結果、政府預金（これは国債の銀行への売却によって入手されたものである）が、銀行が開設する日銀当座預金勘定に振り替えられる

⑥銀行は戻ってきた日銀当座預金で再び新規発行国債を購入することができる[注18]（①に戻る）

このプロセスから、次の二つのことが分かります[注19]。

第一に、銀行は、日銀に設けられた**日銀当座預金**を通じて、国債を購入しています（①）。**集めた民間預金を元手にして購入しているわけではないのです。**ですか

注18　建部正義「国債問題と内生的貨幣供給理論」商学論纂第55巻第3号（2014年3月）、p.599

図6◎財政政策は、金融政策

国債発行(財政赤字)が通貨(預金)供給量を増やす

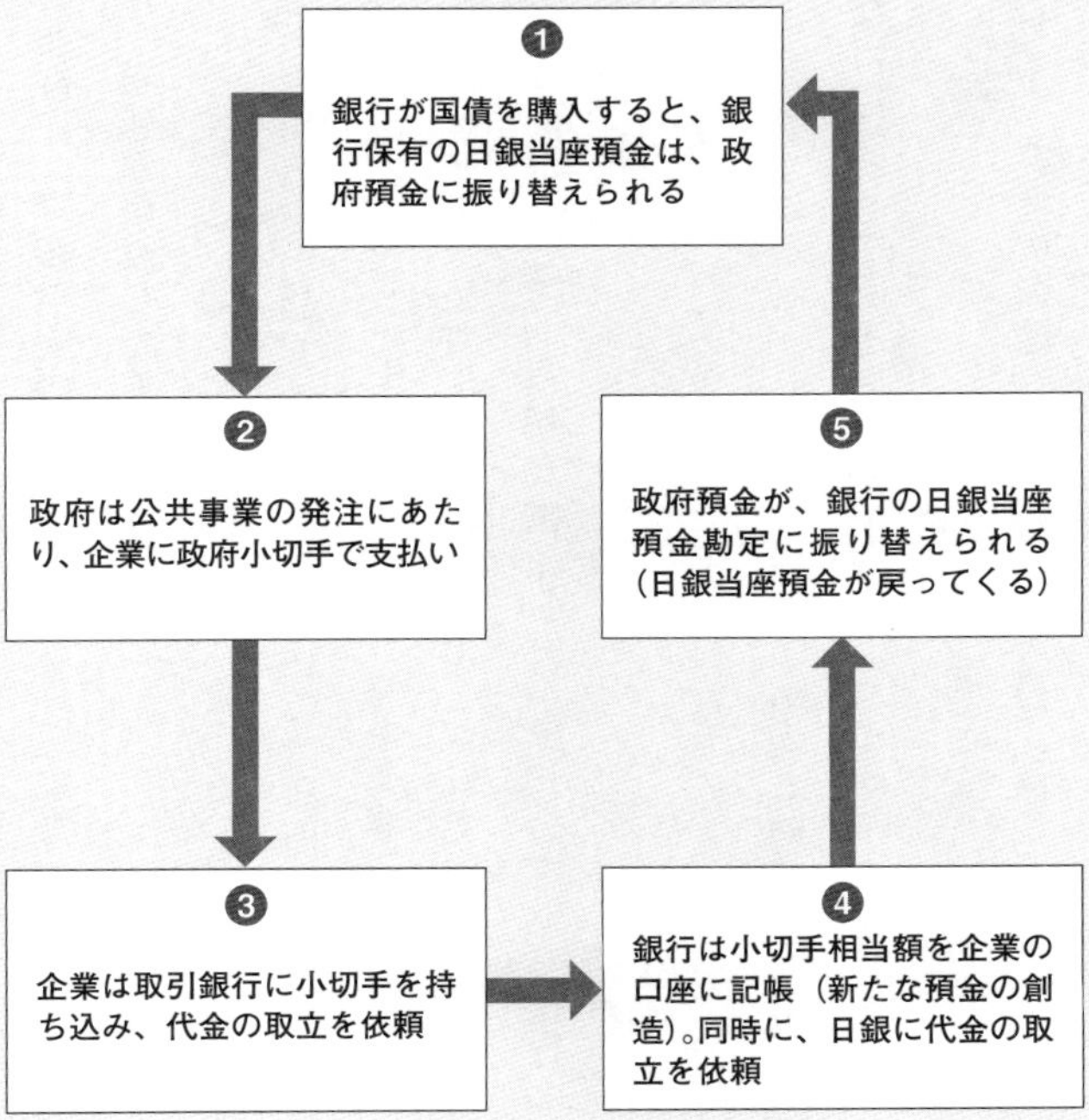

出典)建部正義「国債問題と内生的貨幣供給理論」商学論纂第55巻第3号(2014年3月)p.599をもとに作成

ら、銀行の国債購入は、民間預金の制約をいっさい受けません。

では、この銀行の「日銀当座預金」は、どこから来たのでしょうか。それは、もとはと言えば、**日銀が供給したもの**なのです。

さて、そうだとすると、銀行による国債購入というのは、日銀が政府から直接国債を購入して当座預金を供給すること（日銀による政府への信用創造）、いわゆる「財政ファイナンス」とほぼ同じということになります。[注20]もっとも、財政ファイナンスは、法律（財政法第五条）により原則禁止とされています。しかし、銀行による国債購入も、結局のところ、日銀が供給した当座預金を通じて行われているのですから、財政ファイナンスも同然でしょう。

「財政ファイナンスは、ハイパーインフレになるから、絶対にやってはならない！」とよく言われます。しかし、銀行の国債購入という**事実上の「財政ファイナンス」は、普通に行われている**のです。でも、ハイパーインフレなんて起きていませんね。

いずれにしても、**政府の財政赤字は、民間貯蓄（預金）がファイナンスしているのではない**のです。

第二に、政府が国債を発行して、財政支出を行った結果、その支出額と同額の「民間預金」が新たに生まれています（③）。つまり、**政府の赤字財政支出は、民間貯蓄（預金）を減らすのではなく、逆に増やす**のです。

注19　このプロセスは、銀行の国債購入（①）からスタートしています。これに対して「現代貨幣理論」は、政府による赤字財政支出を出発点とし、②→③→④のプロセスを経る結果、銀行の日銀当座預金が増加して金利を下げると説明します。そして、日銀は金利を維持するために銀行に国債を売るのだと説明するのです。

この説明は、確かに理論的に正しく、より本質的ですが、上級者向けだと思います。本書は、初心者向けであることから、赤字財政支出の前に国債が発行されている実態に即して、銀行の国債購入の時点から説き起こしました。

なお、この「現代貨幣理論」の説明については、以下のステファニー・ケルトン氏の二つの論考やブログ『MMT（現代金融理論）「論」ウオッチング』「お題：【富国と強兵】（中野剛志さん）」のおかげで、理解を深めることができました。

https://www.bloomberg.com/opinion/articles/2019-02-21/modern-monetary-theory-is-not-a-recipe-for-doom

https://www.bloomberg.com/opinion/articles/2019-03-01/paul-krugman-s-four-questions-about-mmt

注20　建部2014: p p.618-9。ただし、銀行が国債を購入して政府が支出する場合は、銀行の日銀当座預金の総額は変わらない（⑤）のに対して、日銀が政府から国債を直接購入する場合は、銀行の日銀当座預金の総額は増えます。

さて、以上のポイントを理解すれば、「財政赤字が拡大して、金利が上昇する」という清滝教授の予測がどうして外れたのか、一目瞭然でしょう。

民間貯蓄が財政赤字をファイナンスしているのではなく、その反対に、財政赤字が民間貯蓄を生み出している。財政赤字が増えることで、民間貯蓄は減るのではなく、増える。ですから、**財政赤字の増大によって民間資金が不足し、金利が上昇するなどということは起き得ない**のです。

おそらく、清滝教授は「銀行は、手元の資金を貸出している」と誤解しているのでしょう。だから「政府が国債を発行して、銀行がそれを買うと、民間の資金が逼迫して金利が上がる」と考えてしまっているのです。

しかし、重要なポイントなので何度も繰り返しますが、銀行が国債を買い、政府が支出することで、その支出と同じだけ民間の預金が増えるのです。

なお、清滝教授は「国債のほとんどは日本国内の投資家に所有されているのだから問題ないと言う人もいますが」と述べています。確かに、そう言う人はけっこういます。

しかし、私は、国債が国内で保有されているから問題ないと言っているのではありません。

財政赤字がそれと同額の民間貯蓄を生み出すから、問題ないのです。

財政政策は、金融政策

さて、先ほどの銀行が国債を購入するプロセス（図6）を、もう一度、見てください。政府の財政支出（②）は、民間預金の創造（④）、つまり貨幣供給量の増加をもたらしていることが分かります。

財政赤字の拡大は、貨幣供給量を増やしているのです。

デフレの時には、金融政策はうまく機能しません。量的緩和政策では、貨幣供給量を増やしてデフレを克服することはできないのは、すでに説明した通りです。

ところが、財政赤字を拡大すれば、貨幣供給量は増える。つまり、**財政政策が、金融政策として機能しているのです。**

つまり、デフレ脱却のためには、確かに貨幣供給量を増やす必要があるのですが、その**貨幣供給量の増大に必要なのは、財政赤字の拡大**だということです。

これは、社会通念に大きく反している考え方でしょう。しかし、信用貨幣論を知っていれば、正しい考え方であることが容易に理解できます。

そもそも、信用貨幣論が説くように、**貨幣とは、負債の一種**です。貨幣供給量を増やすということは、単純化して言えば、負債を増やすということです。

しかし、デフレの時には、民間企業は、負債を増やすことが難しい。このため、貨幣供給量は増えず、デフレが続いてしまいます。

ならば、民間企業の代わりに、**政府が負債を増やせば、貨幣供給量は増える**でしょう。

財政赤字が拡大すれば、貨幣供給量が増えるというのは、「貨幣は負債」とする信用貨幣論からすれば、当たり前のことなのです。

そして、信用貨幣論によれば、負債（＝貨幣）は、返済することで消滅してしまいます。

ということは、**政府が財政赤字を減らそうとすると、貨幣供給量が減り、デフレが悪化してしまう**ということです。

それにもかかわらず、平成の日本は、消費増税や歳出削減による財政健全化を頑張ってきました。デフレから脱却できないのも当然といえるでしょう。

需要不足か、貨幣不足か

先ほど、私は、デフレ脱却のためには、貨幣供給量を増やすべきであり[注21]、そのためには財政赤字の拡大が必要だと言いました。

他方、第二章では、デフレは需要不足が原因だから、財政支出を拡大することで、

注21 ただし、正確に言うと、貨幣供給量が増えたからといって、その分だけ物価が上がるとは限りません。というのも、貨幣が消費や実物投資ではなく、株式や債券の購入のような金融取引のほうへと流れてしまう場合は、物価は上がらないからです。実際、1980年代後半の日本や、2000年代前半のアメリカなど、資産バブルが発生していた時期には、一般物価水準がそれほど上昇しないという現象が起きました(第十一章参照)。したがって、デフレ脱却のためには(あるいは、バブルを起こさないためには)、貨幣がきちんと消費や実物投資のほうへと流れるように産業構造を構築する政策が必要になります。それについては『**全国民が読んだら歴史が変わる　奇跡の経済教室【戦略編】**』で議論します。

とりあえず、今のところは「財政赤字の拡大が、貨幣供給量を増やす」というポイントを確認してください。

需要を創出すべきだと言っています。

この二つの主張は、結論は「財政出動が必要だ」で同じです。しかし、前者は「デフレは貨幣不足だから、貨幣供給量を増やすため」というロジックであるのに対し、後者は「デフレの原因は需要不足だから、需要を増やすため」というロジックになっています。

いったい、どちらが正しいのでしょうか?

実は、この二つのロジックは、言い方が違うだけで、**同じことを言っているのです。**

ポイントは、信用貨幣論にあります。

信用貨幣論によれば、貨幣(預金通貨)は、銀行の貸出しによって供給されます。預金が先にあって、貸出しが行われるのではなく、貸出しが先にあって、預金が生まれるわけです。

しかし、その銀行の貸出しは、そもそも、個人や企業にお金を借りたいという需要がなければ、成り立ち得ません。

したがって、

借り手の需要の増→銀行の貸出しの増→貨幣供給の増

という順番になります。

要するに、財政支出の拡大とは需要の拡大であり、そして、**「需要の拡大」と「貨幣供給量の拡大」とは、信用貨幣論では同じことなのです。**

なお、第二章では、産業・労働者の保護やグローバル化の抑制のような経済構造を是正する政策も、供給過剰（需要不足）を解消するので、デフレ脱却に効果があると論じました。これも、財政支出の拡大と同じように、需要不足を解消するから、貨幣不足を解消すると言ってよいでしょう。

他方、第二章では、金融緩和もデフレ対策に分類しました。

確かに、デフレの時には、金融緩和をしたほうがよいというのは、おおむね正しい。金融引き締めをやってしまったら、貸出しに制約がかかり、デフレは悪化するからです。

しかし、金融緩和だけで、デフレを脱却することはできません。

借り手の需要がなければ、銀行の貸出し（＝貨幣供給）は増えない。そうだとすると、いくら金利の引き下げやマネタリー・ベースの増加によって、銀行の貸出しを容易にしたところで、借り手の需要がない以上、銀行は貸出しを行うことはできません。

紐では、押せないのです。

仮想通貨とデフレ

「貨幣とは何か」を正しく理解していれば（つまり、信用通貨論を知っていれば）、デフレ脱却と経済成長には、財政支出を拡大する財政政策や、供給過剰を是正する産業政策が有効であることが分かります。

そして、デフレ時には金融政策は功を奏しなくなることも、明らかとなります。

「デフレ脱却は、金融政策で可能である」と主張する論者がたくさんいますが、「貨幣とは何か」を分かっていないから、そのようなことを言うのです。

これまでの議論が正しいかどうか、念のため、データで確認しておきましょう。

図7に示されているように、2000年代以降、マネタリー・ベースは増えてい

図7◎日本のGDP/財政支出/マネタリー・ベースの推移

(1970～2016年、1980年＝100)

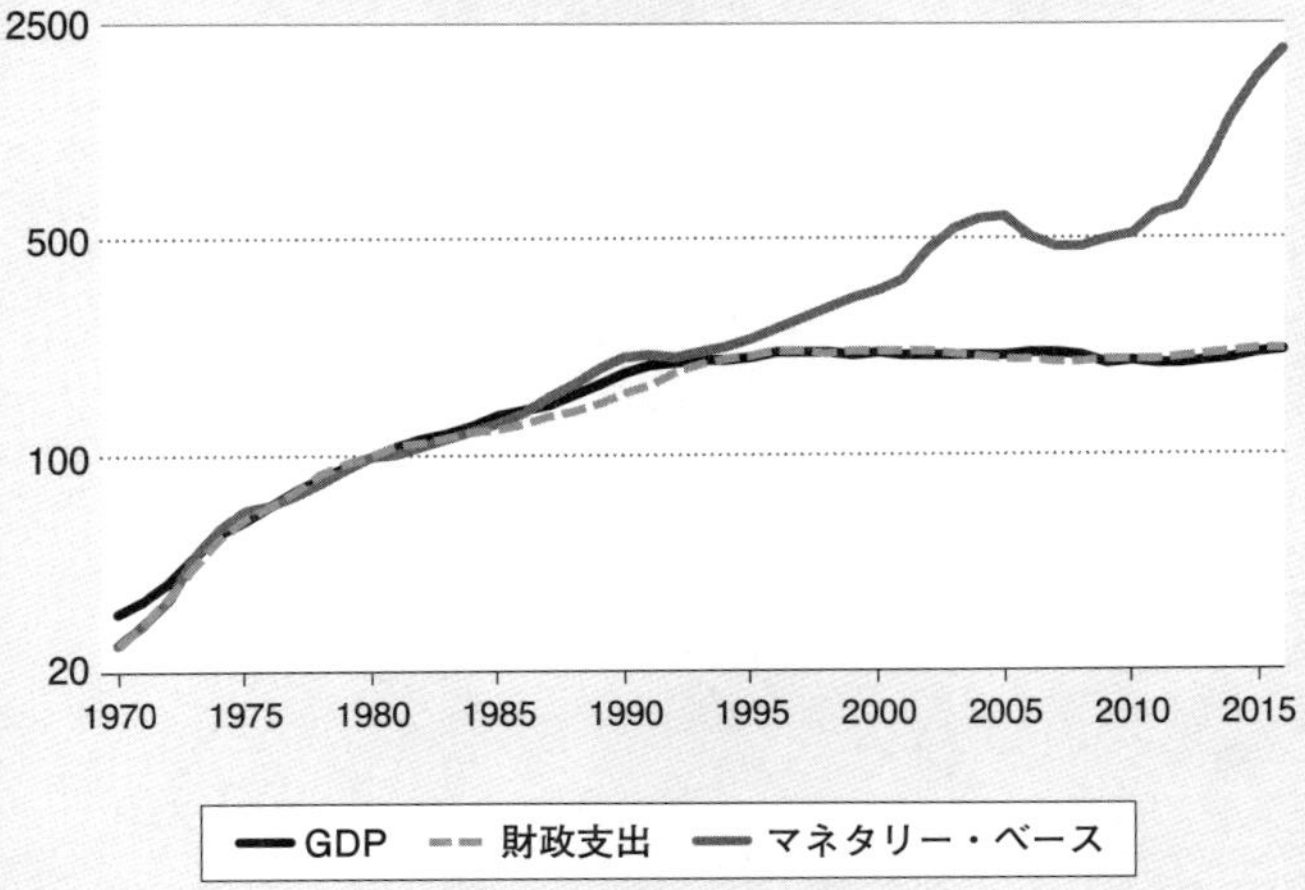

※内閣府および日本銀行統計より作成(GDPと財政支出は年間合計、マネタリー・ベースは年間平均で、いずれも名目値)

※財政支出は、GDP統計上の公的部門の投資と消費を合計したもの

出典)島倉原「日本経済の長期停滞をもたらした緊縮財政」(『表現者クライテリオン』2018年3月号)より転載

ますが、経済成長はわずかです。そして、その経済成長の抑制と財政支出の抑制が、ほぼぴったり一致しているのが分かります。

さらに**図8**は、ＯＥＣＤ32カ国と中国の財政支出の伸び率と経済成長率の分布です。見事に相関しているのが分かるでしょう。アメリカの成長率も、中国の成長率も、財政支出の伸びと相関しています。日本だけが経済成長率がほぼゼロであると同時に、財政支出の伸び率もゼロです。

さて、日本は、およそ20年もの長期に及ぶデフレに苦しみ、経済停滞から抜けられなくなっています。

その間、大規模な金融緩和はやったものの、財政再建（財政支出の抑制、消費増税）、構造改革（規制緩和、自由化、民営化）、グローバル化を進めてきました。

そして、日本国民の多くは、デフレ脱却と経済成長を望みながら、「財政再建」「構造改革」「グローバル化」というデフレを起こす政策を支持してきました。

これは、もとを正せば、**日本国民の多く（経済学者や経済官僚の多くも）が、貨**

図8◎OECD32カ国と中国の財政支出伸び率とGDP成長率の分布

（1997～2015年の伸び率を年換算）

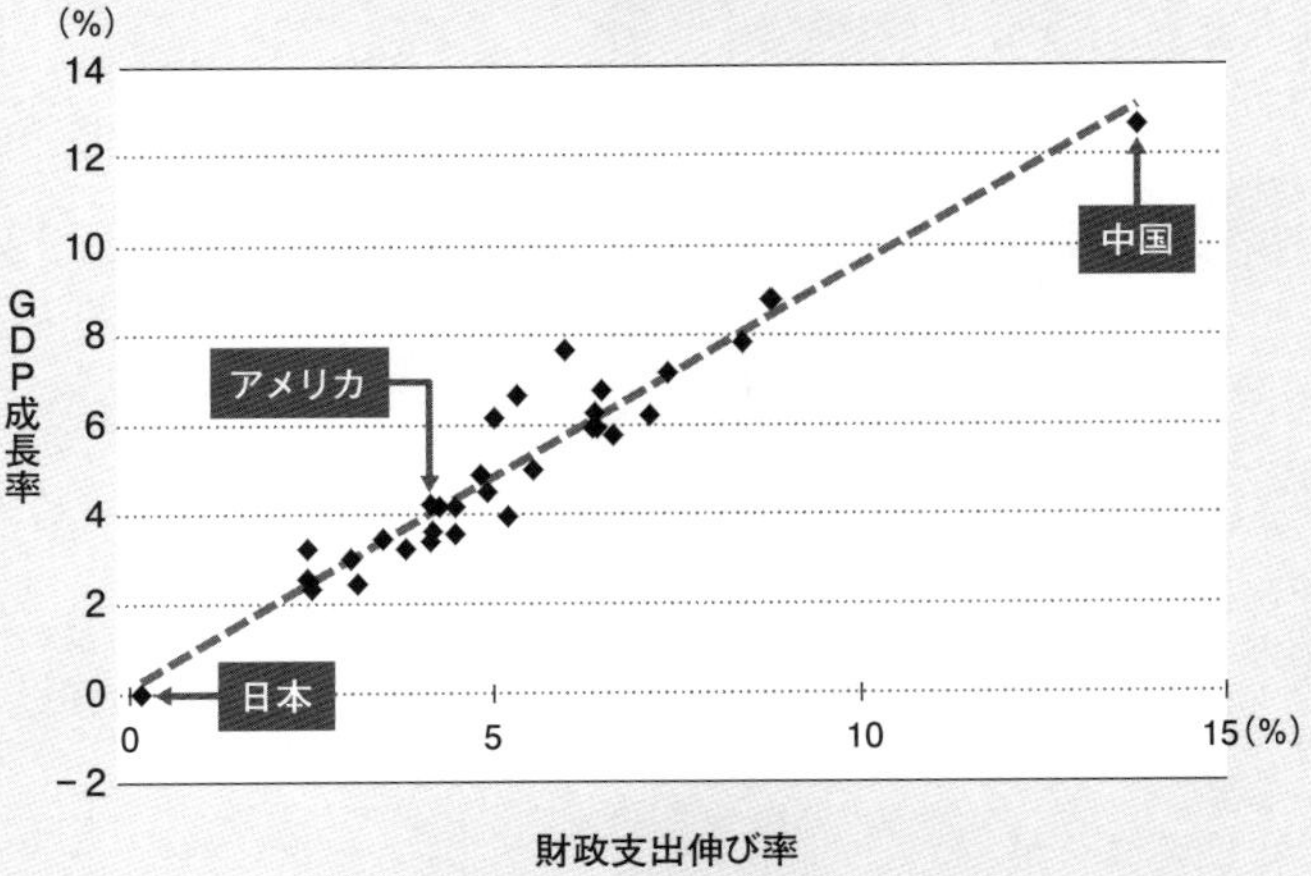

※データ出所は内閣府およびOECDで、財政支出はGDP統計上の一般政府部門（日本は公的企業含む）の投資および消費の合計

※点線は回帰直線「GDP 成長率＝0.9466×財政支出伸び率＋0.001」（決定係数は0.9305）を示している

出典）島倉原「緊縮財政国の経済は停滞し、積極財政国の経済は繁栄する」（『表現者クライテリオン』2018年7月号）より転載

幣について正しく理解していないということにたどり着きます。

その日本人は、仮想通貨を世界で最も多く保有している国民でもあります（2018年5月時点）。

デフレから脱却できないでいることと、仮想通貨に飛びついていること。共通するのは、「貨幣に対する正しい理解の欠如」ですね。

マッドサイエンティストのような主張

デフレ下では、金融緩和は、効果が上がらなくなる。

インフレにするには、財政赤字を拡大する必要がある。

この主張は、貨幣についての正しい理解（信用貨幣論）があれば、当然の結論になります。

ところが、このような主張は、世の中には、なかなか受け入れられない。

例えば、作家の橘玲氏は、次のようなことを平気で書いています。

それに加えて、「金融緩和に効果がないなら政府債務をさらに拡大して無理矢理インフレにしろ」という、マッドサイエンティストのような主張をする学者も出てきました。私たちはいまだに、いつ日本国の財政が行き詰まり、国債が暴落し急速な円安が進むかわからない崖っぷちの狭い道をおそるおそる歩んでいるのです。

橘氏に言わせると、私は、マッドサイエンティストであるようです。

では、なぜ財政赤字を拡大してはいけないのでしょうか。それは、政府が無限に借金することはできないので、財政赤字を拡大し続けると、いずれ財政は行き詰まるからだと橘氏は言います。

日本国の財政赤字も構造的な問題で、国家が無限に借金することはできないのですから（もしそれが可能なら錬金術になってしまいます）、このままでは危機はいずれ現実化するでしょう。その影響が計り知れないものである以上、

私たちは個人としてそのリスクに備えなければなりません。[注22]（傍点筆者）

まあ、これが社会通念では「良識」とみなされるのでしょう。

ここで興味深いのは、橘氏が「国家が無限に借金することが可能なら、錬金術になってしまう」と主張していることです。

国家が無限に借金することができるというのは、金《きん》をいくらでも作り出せる魔法「錬金術」のようなものだというわけです。

しかし、現代の貨幣は、金貨のように金《きん》の価値に裏打ちされた「商品貨幣」ではありません。

「信用貨幣」です。

金貨であれば、その発行量は金の保有量に制限されるので、無限に金貨を発行するには「錬金術」が必要でしょう。

しかし、信用貨幣論に基づいて説明したように、銀行は、返済能力のある借り手の需要に応じて、いくらでも貸出しを行い、貨幣（預金通貨）を供給することができるのです。

そして、政府の借金は、金《きん》の保有量の制約は受けないのはもちろん、民間部門の貯蓄という制約すらも受けません。

図6で説明した通り、①から⑤のプロセスは、無限に回るのです。

「そんなのは『錬金術』じゃないか!」と言うのならば、あえて断言しましょう。

現代の資本主義経済においては、錬金術が可能になってしまっているのです。

注22 http://gendai.ismedia.jp/articles/-/54159?page=2

第七章
税金は、何のためにある？

財政赤字の限界

政府の財政赤字は、民間部門の貯蓄によってファイナンスされているのではない。政府の財政赤字は、それと同額の民間部門の貯蓄を生み出す。

したがって、民間部門の貯蓄の量が制約となって、財政赤字が拡大できなくなるということは、あり得ない。

驚かれたかもしれません。しかし、これは、貨幣の正しい理解（信用貨幣論）から導き出される当然の結論なのです。

ただし、信用貨幣論は、貸出しには資金量の制約はないけれども、「借り手の返済能力という制約はある」としていました。そうでなければ、銀行は借り手の審査もせずに、乱脈融資をやり放題という話になってしまいます。


ということは、政府の借金も同じ話になるはずです。

つまり、政府の財政赤字は、確かに民間部門の貯蓄量には制約されてはいない。

しかし、政府の返済能力の制約はあるのではないか。

では、政府の返済能力の限界は、どこにあるのでしょうか？


答えを先に言えば、**日本政府について言えば、その返済能力には、限界はありません！**

理由は簡単。借金の返済に必要な通貨（日本で言えば「円」）を発行しているのは、ほかならぬ政府（より厳密には「中央政府」と「中央銀行」）自身だからです。

ここで重要なのは、政府は、民間主体とは違う存在だということです。**政府は、**

通貨を発行する能力があるという点において、個人や民間企業とは決定的に異なります。

当たり前ですが、個人や民間企業は通貨を発行できないので、収入を得て、そこから借金を返済しなければならない。

ところが、通貨を発行できる政府には、その必要はないのです。

したがって、**自国通貨建ての国債は、返済不能に陥ることはあり得ません。**自国通貨建てで国債を発行している政府が、債務不履行になって財政破綻することはないのです。

ですから、第三章で強調した通り、国家の経済運営をビジネス・センスで語ってはいけないのです。破綻の可能性がない民間企業はあり得ませんが、政府の場合はあり得るのです。

もっとも、厳密に言えば、自国通貨建ての国債であっても、政府が何らかの理由で、政治的意思によって「借りた金は返さない！」と決めてしまったら、財政破綻はあり得ます。

例えば、アメリカでは、議会が政府債務の上限を定めています。したがって、議会が上限を引き上げなかったために、アメリカが財政破綻するということは、あり得るのです。実際、過去に、そうなりかかったことが何度かありました。

しかし、国家に返済の意思がある限りは、自国通貨建ての国債が返済不能になって、財政が破綻することはあり得ません。実際、歴史上も、そのような例はありません。

もちろん、アルゼンチンなど、財政破綻を経験した国はあります。しかし、それは、**外貨建て国債についての債務不履行**でした。

自国通貨以外の通貨に関しては、政府に通貨発行権がないので、外貨建て国債ならば、債務不履行はあり得ます。政府の返済能力の制約があるのは、外貨建ての国債の場合だけです。言い換えれば、外貨建ての国債に関しては、政府と民間主体との違いはなくなります。

2008年の世界金融危機の余波を受けて、ギリシャやイタリアなどが財政危機に陥りました。それは、これらの国々の国債が自国通貨建てではなく、**ユーロ建て**だからです。

共通通貨ユーロを採用したヨーロッパの国々は、自国通貨というものを放棄しています。ユーロを発行する能力をもつのは欧州中央銀行だけであって、各国政府ではありません。

ユーロを採用した国々は、自国通貨の発行権という特権を放棄したために、国家であるにもかかわらず、民間主体と同じように、破綻する可能性のある存在へとなり下がってしまったのです。

財政赤字の制約はインフレ率

国債は、自国通貨建てである限り、そして政府に返済の意思がある限り、いくら発行しても、債務不履行になることはあり得ません。

そして、日本政府の発行する国債は、すべて円建てです。しかも、日本政府には返済の意思があります。したがって、日本政府が、財政破綻することはあり得ません。

そうなる理由は、政府が通貨発行権をもっているからです。

永遠に財政破綻しない政府であれば、債務を完全に返済し切る必要もありません。国債の償還の財源は、税金でなければならないなどということもありません。「国債は、将来世代へのツケ」だという批判が、数多くあります。これは「国債の償還の財源は、将来世代の税金でまかなわなければならない」という間違った発想によるものです。

国債の償還の財源は、税である必要はありません。国債の償還期限が来たら、新規に国債を発行して、それで同額の国債の償還を行う**「借り換え」を永久に続ければいい**のです。

実際、ほとんどの先進国において、国家予算に計上する国債費は利払い費のみで、償還費を含めていません（日本政府は、なぜか償還費も計上していますが）[注23]。政府債務は、完済しなくていいものだからです。

「そんなバカな！」と驚いたり、「政府だけが、そんなことを許されていいのか！」と憤ったりされる読者もおられるでしょう。しかし、これが事実なのです。

注23 https://www.excite.co.jp/News/economy_g/20150811/zuuonline_76432.html

むしろ「政府だけが、そんなことが許されている」からこそ、財政支出を拡大して、デフレを脱却できるわけです。ですから、腹を立てるようなことではありません。逆に、歓迎すべきことなのです。

通貨発行権を有する政府は、個人や企業のような民間主体とは決定的に異なる特殊な存在です。国家財政もまた、ビジネス・センスでは語ってはいけない。これは、経済政策の基本です。

ところが、日本の財務省が発行する「日本の財政関係資料」[注24]には、「我が国財政を家計にたとえたら」と題するコラムがあります。国家財政を家計にたとえるというのは、素人はともかく、政策担当者であれば決して犯してはならない最も初歩的な誤りです。

政府からしてこの調子では、日本経済が停滞するのも無理はありません。

さて、ここまで読んで、「何というデタラメを言っているのか！　政府がいくら借金しても返済しないでいいならば、税金なんかいらないではないか。無税国家ができるとでもいうのか！」と腹を立てて、本を投げ捨ててしまう方もおられるかもしれません。

その前に、もう少し辛抱して、議論に付き合ってください。

もちろん、政府は、無限に財政赤字を拡大することはできませんよ。限界は、あります。

では、財政赤字の限界とは、何でしょうか？

まず、政府が、財政赤字を拡大しまくったら、何が起こるかを考えてみましょう。例えば、政府が盛んに公共投資をやり、投資減税や消費減税をやったら、需要が拡大して、供給力を超えるので、インフレになります。

それにもかかわらず、公共事業をやりまくり、ついでに無税にしてみたら、どうなるか。おそらく、インフレが止まらなくなり、遂にはハイパーインフレになるでしょう。

注24　https://www.mof.go.jp/budget/fiscal_condition/related_data/201811.html

インフレとは貨幣の価値が下がることですが、ハイパーインフレになると、お札はただの紙切れになってしまいます。ハイパーインフレは、さすがに困る。いくら政府に通貨発行権があっても、その通貨が無価値になってしまうのです。ハイパーインフレこそ、国家の財政破綻と言っていいでしょう。

要するに、財政赤字が拡大し過ぎると、インフレが行き過ぎるのです。

ということは、財政赤字はどこまで拡大してよいかと言えば、「インフレが行き過ぎないまで」ということになります。

財政赤字の制約を決めるのは、インフレ率（物価上昇率）なのです。

財政赤字の大きさは関係ない

以上のような財政の考え方を**「機能的財政論」**といいます。

財政は、財政収支が黒字か赤字かではなく、財政赤字の額の大きさでもなく、財政が経済においてどのように機能しているか（物価にどのような影響を与えるかなど）で判断すべきだ。これが「機能的財政論」なのです。

まとめると、次のようになります。

財政赤字の制約となるのは、民間部門の貯蓄ではない（財政赤字は、それと同額の民間貯蓄を創出するから）。

財政赤字の制約となるのは、政府の返済能力でもない（政府には、通貨発行権があるから）。

財政赤字の制約を決めるのは、インフレ率である。インフレになり過ぎたら、財政赤字を拡大してはいけない。

財政赤字を無限に拡大できない理由は、そんなことをすると、ハイパーインフレになってしまうからである。

これで「ああ、よかった。やっぱり、財政赤字は無限に拡大してはいけないんだな」と安心していただけたかと思います。

その上で、あらためて、日本の財政赤字について考えてみましょう。

日本の政府債務は、２０１８年時点において、対ＧＤＰ比で２３０％を超えています。これは、主要先進国中で「最悪」だと、財務省も経済学者もマスメディアも言っています。財政赤字が大き過ぎるというわけです。

しかし、財政赤字が大き過ぎるならば、インフレが行きすぎているはずでしょう。財政赤字の制約を決めるのは、インフレ率だからです。

ところが、日本は、インフレどころか、デフレなのです。

デフレだということは、財政赤字は、大き過ぎるのではありません。少な過ぎるのです！

インフレ率が財政赤字の制約だということは、デフレである限りは、財政赤字はいくらでも拡大していいということです。**デフレの時には、財政赤字に制約はないのです。**

財政のよし悪しの判断基準は、インフレ率です。財政赤字の額とか、対ＧＤＰ比の政府債務残高の比率だけでは、財政がよいか悪いかは、判断できません。

対ＧＤＰ比の政府債務残高が２３０％を超えようが、３００％を超えようが、デフレである限り、財政赤字が足りないのであって、自国通貨建てで国債を発行している政府の財政が破綻することはないのです。

ちなみに、歴史をひもとくと、イギリスは1760年から1860年の100年間にわたって、累積政府債務は国民総生産の100%を下回ることがなく、19世紀前半には300%にまで達していました。しかし、当時のイギリスは、ハイパーインフレにも財政破綻にも至っていません。それどころか、この時代は、大英帝国がその繁栄を謳歌した時期と重なっているのです。[注25]

税は、財源確保の手段ではない

財政赤字が拡大し過ぎるのが、なぜいけないのか。それは、インフレが行き過ぎるからです。

なぜ、無税国家は、あり得ないのか。それは、無税国家にすると、ハイパーインフレになってしまうからです。

注25 James Macdonald, A Free Nation Deep in Debt: The Financial Roots of Democracy, Princeton University Press, 2003, pp.354-5

言い換えると、なぜ税金は必要なのか。それは、インフレが行き過ぎるのを防ぐためだということです。

このことは、税金の役割に関する社会通念をひっくり返すことになります。

これまで、税金は、政府の支出に必要な財源を確保するのに不可欠なものだと考えられてきました。

しかし、自国通貨を発行できる政府が、どうして税金によって財源を確保しなければならないのでしょうか？　そんな必要はないのです。

とはいえ、無税にするとハイパーインフレになってしまう。税というものは、需要を縮小させて、インフレを抑制するために必要なのです。

インフレを抑えたければ、投資や消費にかかる税を重くする。逆に、デフレから脱却したければ、投資減税や消費減税を行う。

つまり、**税金とは、物価調整の手段なのです。財源確保の手段ではありません。**

「機能的財政論」は、税も経済全体を調整するための「機能」とみなすのです。

税金が物価調整の手段であるということは、信用貨幣論によって、次のようにも説明できます。

貨幣は負債の一種である。

貨幣は、貸出しによって創造され、返済によって消滅する。

したがって、政府が負債を増やすことで、貨幣供給量は増えて、インフレに向かう。政府が増税によって負債を返済すれば、その分だけ貨幣が消え、貨幣供給量が減るから、デフレへと向かう。

こう考えると、実に単純な話でしょう。

ところが、平成の日本では、平成９（１９９７）年に消費増税と歳出抑制を行った結果、デフレに陥りました。平成26年にはデフレなのに消費増税を断行し、デフレ脱却を頓挫させました。そして、平成が終わり、新しい元号になる年に、またしても消費増税を予定しています。

消費増税を正当化する理由は、「財源の確保」です。しかし、そもそも、**税は、財源を確保するための手段ではない**。物価調整の手段です。

デフレ下の日本で必要なのは、投資減税や消費減税といった手段によって、物価を上げることなのです。

「財政赤字をこれ以上、増やすべきではない。政府の借金の返済の財源を確保するために、消費税の増税が不可欠だ」などという通説が、あたかも良識であるかのように、まかり通っています。しかし、これは、信用貨幣論からすれば、「デフレを悪化させて、国民をもっと苦しめたい」と言っているのに等しいのです。

政策手段としての税

「税は、財源確保の手段ではなく、物価調整の手段だ」と言いましたが、より正確に言うと、税は、物価調整以外の目的のためにも活用されます。

例えば、炭素税のように、二酸化炭素の排出の抑制の手段ともなります。

また、税は、所得再配分の手段としても重要です。富裕層の所得やぜいたく品の消費には課税をより重くし、貧困層の所得や生活必需品の消費に対しては、非課税あるいは軽い税率とすれば、所得格差が是正されます。

実は、所得格差の是正は、需要を生み出し、デフレの克服に一役買うものです。

というのも、高所得者よりも低所得者のほうが、所得に占める消費の割合がより大きいからです。高所得者は所得の2割ほどを貯蓄に回すでしょうが、低所得者は所得のほぼすべてを消費に充てざるを得ません。

ということは、低所得者にお金を回すほうが、消費需要が拡大するというわけです。

その意味で、所得格差を是正する「累進所得税」は、国全体で見れば、消費需要を刺激する効果をもつと言えます。

格差の是正は、需要の拡大を通じて、経済成長を促します。「格差の是正か、経済成長か」という二者択一であるかのように言われることがありますが、それは間違いです。格差が拡大したら、需要が減少し、経済成長は阻害されるのです。

2014年、OECD（経済協力開発機構）は、所得格差と経済成長に関する調査を発表しました。

その調査の結論は、次の通りです。

・日本を含む大半のOECD諸国において、過去30年間、格差が拡大している。
・所得格差の拡大は、経済成長を大幅に抑制している。
・格差が成長に及ぼすマイナスの影響は、貧困層だけではなく、実際には下位40%の所得層においても見られる。
・政府の所得再分配政策は、成長を阻害しない。[注26]

ＩＭＦからも、格差の拡大は成長をむしろ阻害するという研究が出ています。[注27]

「日本は悪平等だから、競争原理が働かず、経済が成長しない」とか、「一部の企業や富裕層が利益を増やせば、その利益は国全体にしたたりおちる（トリクルダウン）」とかいった話は、でたらめだったということです。

さて、消費税は、格差を拡大する効果をもつ税制です。

というのも、低所得者ほど、収入に占める生活必需品の購入費の割合が高いので、高所得者よりも税負担率が高くなるからです。つまり、累進所得税とは逆に、**消費税は「逆進的」**なのです。

そして、格差の拡大は、経済成長を鈍化させる。

ということは、**消費税は、格差是正のみならず、経済成長の観点からも、よくない税制**だということになります。

ここで、補足説明が必要かもしれません。

第二章では、増税はインフレ対策であり、減税がデフレ対策であると論じました。大雑把に言えば、それで間違いないと思います。

しかしながら、同じ減税であっても、需要を刺激せず、デフレ対策にはならないようなものもあります。

例えば、法人税の減税。

企業の設備投資額の一定割合を税額控除する「投資減税」であれば、投資をしないと減税にならない。これは、投資需要を刺激する効果があるので、確かにデフレ

注26 https://www.oecd.org/els/soc/Focus-Inequality-and-Growth-JPN-2014.pdf
注27 https://www.imf.org/external/pubs/ft/sdn/2014/sdn1402.pdf

対策となります。

しかし、単に法人の所得に対する税率を引き下げるような法人税減税の場合は、デフレ下においては、投資を促進するとは限りません。

というのも、デフレとは、投資よりも貯蓄が有利となる経済状態です。したがって、**法人税を減税されても、デフレである限り、企業は投資には及び腰ですから、かえって貯蓄（内部留保）を増やしてしまう**でしょう。

ちなみに、所得税や法人税には、興味深い特徴があります。

所得税は失業者など所得のない人には課税されません。法人税も、赤字企業には課税されない。

このため、景気が悪くなり、失業者や赤字企業が増えると、非課税になる人や企業が増えるので、税収が減ることになります。言い換えれば、経済全体で見れば、不景気になると、税負担が軽くなるということです。

反対に、景気がいい時には、個人や企業の所得が増えるので、税収も増える。経済全体で見ると、税負担が重くなるということです。

所得税や法人税は、景気が悪い時には税負担が軽減されて不況対策の役割を果たす。逆に、景気がよくなると税負担が重くなり、景気の過熱を抑制する。こうして、景気の好不況の変動をならす。所得税や法人税には、このような巧妙な機能が内蔵されているのです。この機能は**「自動安定化装置」**と呼ばれています。

これに対して、消費税には、このような自動安定化の機能はありません。失業者であろうが赤字企業であろうが、消費をする以上は、税を課す。それが消費税です。税収を確保したい財務健全化論者にとっては、不景気になると税収が激減する所得税や法人税よりも、不景気であろうが税を確実に徴収できる消費税のほうがいいのでしょう。だから、消費税は「安定財源」とある程度呼ばれるのです。

しかし、これまで説明してきた通り、日本は財政危機の状況にはないし、そもそも税は財源確保の手段ではない。デフレ下において、税収が減るのは何の問題もないどころか、むしろ税収を減らすべきなのです。

信用貨幣論をご理解いただいた読者にはお分かりだと思いますが、「税収が増える」ということは、その分、貨幣が消滅し、貨幣供給量が減って、デフレが悪化するということなのです。財政健全化論者は、貨幣が何かを分かっていないということですね。

さて、以上を踏まえた上で、平成の税制をあらためて振り返るならば、日本は、デフレの中にあって、所得税の累進度を弱めてきました。また、法人税率も下げてきました。その一方で、消費税を上げてきた。

これは、デフレの時に行う税制としては、最悪の組み合わせです。

ちなみに、2017年度の法人企業統計によると、企業（金融・保険業を含む）の内部留保（現預金）は200兆円以上と、過去最高を記録しました。その一方で、消費は伸び悩み、デフレは続いています。

政府は、企業の巨額の内部留保を問題視しています。

しかし、デフレなのに、消費税を増税して法人税を減税したのは、政府なのです。企業の内部留保の増大は、デフレ下で企業が経済合理的に行動した結果にすぎません。そして、デフレが続いているのは、企業のせいではなく、政府の経済政策のせいです。

内部留保が増えているのは、企業経営者が無能だからではありません。政府が無能だからなのです。

第八章
日本の財政破綻シナリオ

ハイパーインフレになるのか

「財政赤字をこれ以上拡大すると、ハイパーインフレになる！」

このような主張が後を絶ちません。

しかし、平成の日本は、およそ20年もの間デフレだったのです。それなのに、ハイパーインフレを心配するというのは、どういうことなのでしょうか。いったい、20年も拒食症の患者に対して、「これ以上、栄養を摂ると過食症になる！」などと処方する医者がどこにいるのでしょうか。

ところで、このハイパーインフレ論者たちは、財政赤字の拡大がインフレを起こすと言っているわけですから、「デフレ脱却には財政赤字の拡大が効く」ということには、同意しているわけです。

それにもかかわらず、彼らは、デフレ下での財政赤字の削減を主張します。その理由が、財政赤字を拡大すると、いずれハイパーインフレになるからだと言うのです。

しかし、何もハイパーインフレになるまで、財政赤字を拡大する必要などありません。

デフレを脱却し、インフレ率が2〜4％になる程度にまで、財政赤字を拡大させればいいだけの話でしょう。例えば、インフレ率が4％になったら、財政赤字をやめればいいのです。

それなのに、ハイパーインフレ論者は、なぜか、いったん財政赤字が拡大し始めたら、ハイパーインフレになるまで「やめられない、止まらない」と思い込んでいるのです。財政赤字って、そんなに美味しいものなのでしょうか。

なぜ、財政赤字の拡大を止められないと思っているのか、ハイパーインフレ論者に聞いてみましょう。

すると、こんな答えが返ってくるでしょう。

「政治家は大衆迎合的な予算のバラマキをやりたがるし、歳出削減や増税には国民が猛反対するから、財政赤字は減らせず、インフレを止められないのだ」と。

しかし、財政支出を削減したり、増税をしたりしなくても、景気がよくなれば（インフレになれば）税収が自然と増えるので、財政赤字は減らせるでしょう。それに、中央銀行が金融引き締め政策を行って、インフレを止めるという手もあります。インフレが止められなくなって、ハイパーインフレになるなどということは、考えにくいのです。

それにしても、「インフレになっても、国民が財政赤字の削減を嫌がるから、ハイパーインフレになる」などという、国民をバカにしたような見解を、よくもまあ、平気で言えるものです。

もし、この見解が正しいというのなら、国会が予算や税制を決める「財政民主主義」なんかやめろ、ということになってしまいますね。

しかも、平成の日本は、インフレどころか、デフレ下であるにもかかわらず、歳出削減や消費増税を断行したという（不名誉な）実績をあげています。これほど極端にストイックな日本が、高インフレになっても歳出削減や増税ができずにハイパーインフレを引き起こすなどと、どうやったら考えられるのでしょうか。

それに、歴史上を見ても、ハイパーインフレを経験した国というのは、戦争・内戦・革命による破壊のせいで供給力が極端に失われた（第一次世界大戦後のドイツなど）とか、旧社会主義国が市場経済へと移行する過程で混乱が生じた（1990年代の旧ソ連諸国など）とか、あるいは、独裁政権の下で狂った経済政策が行われた（ムガベ政権下のジンバブエ）とか、異常なケースばかりです。[注28]

いずれも、めったに起きるものではありません。特に、平時の先進国では、まず起きない。

そのようなハイパーインフレが、およそ20年もデフレの日本で起きるとは、どう

注28 https://www.cato.org/publications/working-paper/world-hyperinflations

いうことなのでしょうか。

どうしてもハイパーインフレが心配だというならば、その人は、自分の全所得をすべて日本円ではなく外貨に換えるべきでしょう。

ちなみに、ハイパーインフレとは、貨幣価値が暴落することですから、実質的な債務負担も急激に軽くなります。つまり、ハイパーインフレは、政府債務の問題を一瞬で解決するというわけです。政府債務が心配な人にとっては、これほどうれしいことはないはずですが……。

金利の高騰は起き得るのか

「財政赤字が膨張すると、政府の信認が失われて、市場が国債を買わなくなり、金利が高騰する」

このように主張する経済学者や経済アナリストも、数多くいます。

市場が「日本の財政赤字は大き過ぎて、これ以上、維持できない」と判断してしまい、誰も日本国債を買わなくなることを恐れているのです。確かに、誰も国債を買わなくなったら、国債の金利は急騰します。例えば、２０１２年、財政危機に陥ったギリシャでは、長期金利がなんと40％を上回るほどにまで跳ね上がりました。

金利が急騰すれば、政府は、利払いの負担に苦しむことになります。財政赤字の拡大が金利の上昇を招くと心配する論者は、こうなるのを恐れているのです。だから、市場が、日本政府の財政破綻の心配をしないように財政赤字を削減し、政府の信認を維持しなければならないというわけです。

しかし、日本の政府債務の対ＧＤＰ比率が上がり続け、ついに主要先進国中で「最悪」の２４０％近くにまで迫ったにもかかわらず、そして、経済学者も財務省も財政危機の警鐘を強く鳴らし続けているにもかかわらず、長期金利は世界で最も低い水準で推移してきました。２０１８年時点の長期金利は、０・03％程度しかありません。（P.１１７の図5参照）

つまり、日本国債は買われ続けて、引く手あまただということです。

これは、いったい、どういうことなのでしょうか。

理由の第一は、**デフレだから**です。

デフレとは需要不足の状態です。資金需要がないのです。このため、金融機関は国債を買うしかない。デフレ下では、金利が極限まで下がるのは、そのためです。加えて、**市場は、本当は、日本の財政が破綻するなどとは信じていない**。これが、国債の金利が低い第二の理由です。

すでに述べたように、日本政府は、ギリシャとは違って、自国通貨を発行できるので、債務不履行に陥ることはあり得ない。それに、財政赤字の拡大それ自体が金利を押し上げるということもない。

経済学者や経済アナリストが何と言おうが、これが現実です。市場の金利が上がらないのは、この現実を反映しているにすぎません。言い換えれば、日本政府は、市場からの信認を十分に得ているということです。

実際、金融危機などが起きて株価が急落すると、円高になることがよくあります。しかし、金融危機が起きると、財政危機の国の通貨が買われて高くなるなどというのは変な話でしょう。要するに、市場は、日本円が安全資産であること、つまり日本の財政破綻などあり得ないということを分かっているということです。

そして、国債の金利が低い理由の第三は、２０１３年以降の量的緩和政策で、**日**

本銀行が国債を大量に購入しているからです。

日銀が日本国債を買うことができるのだから、日本国債が買い手を失って、金利が急騰するなどという事態は、およそ考えられません。

それでもなお、多くの経済学者やアナリスト、あるいは財務省が日本の財政危機を煽りまくったら、市場も心配になってパニックが起き、日本国債を手放し、買わなくなるかもしれない。その可能性はほとんどないと私は思いますが、他方で、ゼロとは言えません。

そういう勘違いに基づくパニックが起きたら、確かに、金利は急騰するでしょう。

しかし、日本国債は、政府が元本を保証しています。

財務省自身が、ホームページで「国債は、『手軽』で『安心』。選ばれる理由があります」「元本割れなし」「国が発行だから安心」などと紹介しているのです[注29]（P.170参照）。

元本が保証されていて、しかも高金利だったら、誰だって欲しいでしょう。私も

注29 https://www.mof.go.jp/jgbs/individual/kojinmuke/index.html

国債は「手軽」で「安心」。選ばれる理由があります。

元本割れ
なし

1万円から
購入可能

国が発行
だから安心

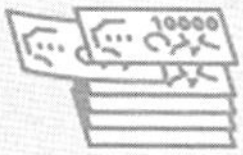

中途換金も
1万円からOK※

0.05%（年率）の
最低金利保証

年12回
（毎月発行）

※発行後1年以上経過で換金可能です
※直前2回分の各利子（税引前）相当額×0.79685が差し引かれます

出典）財務省HPより

欲しいですね。

したがって、もしパニックが起きて、国債の金利が急騰したとしても、国債の買い手はすぐにつくので、金利はたちまち下落するに違いありません。

それでもなお、もし、金利の急騰が収まらなかったら、どうしましょう？

その場合は、日本銀行が国債を買えばよいのです。いわゆる量的緩和政策とは、日銀が銀行から国債を購入することです。日銀が買い手になって、大量に国債を買えば、金利は下落します。

というわけで、「財政赤字が拡大すると、日本政府に対する信認が下がって金利が上昇し、大変なことになる」という心配は、まったくの杞憂なのです。

日本を財政破綻させる方法

これまでの議論で、日本は財政危機の状況には全然ないことが明らかになったのではないかと思います。

しかし、これだけ「日本の財政は危機的状況だ」という社会通念が広く長く定着してしまうと、今さら「財政危機の状況にはない」と言われても、狐につままれたような気がして、納得できない読者もおられるかもしれません。

そこで、理解を深めるために、あえて、思考実験をやってみましょう。どうしたら日本の財政を破綻させることができるかを考えてみるのです。

その前に、あらためて「財政破綻」とは何かを明らかにしておきましょう。というのも、論者によって「財政破綻」の意味が微妙に違うからです。

一般にいわれる「財政破綻」とは、次の三つのいずれかのことを指しているようです。

① 政府が債務不履行に陥ること
② ハイパーインフレになること
③ 金利が急騰すること

さて、このそれぞれを実現するシナリオを考えてみましょう。

① 「債務不履行」シナリオ

日本政府の発行する国債は、すべて円建てです。日本政府は、円の発行権をもっているので、円建ての政府債務を返済することができてしまいます。

そこで、日本政府は、必要もないのに外貨建てで国債を発行すると決めるのです。

さらに、現在の日本は、変動為替相場制を採用していますが、これを固定為替相場制（例えば、「1ドル＝130円」で固定する）にすることも必要です。

その上で、経常収支が大幅な赤字になるまで、財政支出を拡大し続けます。

ここまでやれば、日本政府は、いずれ外貨が不足して、外貨建て国債の返済が履行できなくなり、めでたく財政破綻です。

つまり、国債が自国通貨建てではなくユーロ建てで、かつ経常収支赤字であったために債務危機に陥ったギリシャのようになればよいのです。

もっとも、自国通貨建て国債であっても、債務不履行になる方法が一つだけあります。

それは、日本政府が強い政治的意志をもって、返済を断固拒否すればよいのです。

いずれにしても、日本政府が「絶対に、財政破綻するぞ」と固く決意すれば、財政破綻（債務不履行）は可能です。

②「ハイパーインフレ」シナリオ

ハイパーインフレを起こすのにも、国家の強い意志が必要になります。

まず、無税国家にして、かつ財政支出を拡大し続ければ、ハイパーインフレが起きるでしょう。

第一次世界大戦後のドイツやムガベ政権下のジンバブエのように、戦争・内戦・革命を引き起こして自国の供給力を徹底的に破壊するという手もあります。そうすれば、極端な供給不足となって、手っ取り早くハイパーインフレが起きるでしょう。

戦争や革命が想定し難いのであれば、地震や台風などの大規模な自然災害が頻発して、その被害により供給力が破壊されても、それを放置することです。自然災害が多い日本であれば、そういう事態は考えられなくもありません。

さらに、日銀は何があっても決して金利を上げてはなりません。うっかり金利を上げたら、ハイパーインフレはすぐに終息してしまうからです。

③「金利急騰」シナリオ

デフレであるにもかかわらず、日本国債の金利を急騰させるには、「日本は、もうすぐ財政破綻するぞ！」というフェイクニュースを連日のように流し続け、それを市場に信じさせなければなりません。

実際には、政治家も財務官僚も経済学者も経済アナリストもマスメディアも、「日本の財政は、危機的状況にある」と煽り、格付け会社も日本国債の格付けを低くしていますが、それでも、長期金利は世界最低水準のままです。

したがって、よほど強力な財政危機キャンペーンを展開しなければならないでしょう。いっそ、日本政府が「財政破綻」を宣言してしまってはいかがでしょう。

それで国債に対する信認が失われ、パニックが起きれば、金利が高騰するでしょう。そうなった場合でも、日本銀行は強い意志をもって国債を一切購入しないようにしなければなりません。むしろ、日銀もこの際、保有する国債を売りに出して、金利の高騰に貢献してはいかがでしょうか。

以上、「債務不履行」「ハイパーインフレ」「金利急騰」という三つの財政破綻についいて、シナリオを描いてみました。

いずれのシナリオも、国家に「財政破綻したい」という狂気に満ちた政治的な意志がなければ、実現することはかないません。

日本の財政破綻を予想する議論が、どれだけ馬鹿げているか。これで、お分かりいただけたのではないかと思います。

第九章
日本の財政再建シナリオ

プライマリー・バランスを黒字化して破綻する

財務省の財政制度等審議会は、「平成29年度予算の編成等に関する建議（平成28年11月17日）」の中で、次のように述べています。

財政健全化には一刻の猶予も許されない。政府は「２０２０年度（平成32年度）の基礎的財政収支（プライマリー・バランス）黒字化」目標にコミットしており、この目標は引き続き遵守されなければならない。

しかし、これまで論じてきたように、日本は「財政健全化には一刻の猶予も許されない」などという状況にはありません。そもそも、財政健全化の必要がない。いや、むしろ、デフレである限り、財政健全化してはならないのです。

ところで、この財政制度等審議会の建議に出てくる「プライマリー・バランス（PB）」とは、何でしょうか。

「プライマリー・バランス」とは、税収・税外収入と、国債費（国債の元本返済や利子の支払いに充てられる費用）を除く歳出との収支のことです。

プライマリー・バランスは、その時点で必要とされる政策的経費を、その時点の税収等でどれだけまかなえているかを示す指標とされています。

このプライマリー・バランスを黒字化するということは、歳出を切り詰め、税収を増やすということを意味します。

「プライマリー・バランスの黒字化」目標は、財政健全化のための目標なのです。少なくとも、日本政府はそう考えています。

このプライマリー・バランスの目標は、平成13年6月に、小泉内閣の下で設定されました。平成18年には、プライマリー・バランスの黒字化の達成を平成23年度にする目標が設定されています。しかし、平成20年の世界金融危機により、目標達成は困難となり、平成21年には、目標達成年次が10年後までに先送りされました。

このように、プライマリー・バランスの黒字化は、歳出削減や増税の努力にもかかわらず、なかなか達成できませんでした。

そこで、平成28年の財政制度等審議会は、「プライマリー・バランスの黒字化」目標の遵守を強く迫ったのです。

しかし、平成30年6月、安倍内閣は、目標達成の年次を、２０２５年度へと先送りすることを決めました。もっとも、「プライマリー・バランスの黒字化」目標を取り下げたわけではありませんが。

こうした状況を受けて、平成30年11月20日の財政制度等審議会の「平成31年度予算の編成等に関する建議」は、きわめて厳しい口調でこう述べています。

平成という時代は、こうした厳しい財政状況を後世に押し付けてしまう格好となっている。かつて昭和の政治家は戦後初めて継続的な特例公債の発行に至った際に「万死に値する」と述べたとされるが、その後先人達が苦労の末に達成した特例公債からの脱却はバブルとともに潰えた一時の夢であったかのようである。より見過ごせないことは、平成14年（２００２年）から財政健全化に向けた出発点となる指標として掲げている国・地方合わせたプライマリー・バランスの黒字化という目標すら、15年を超える歳月を経てもいまだ達成されていないことである。

財政制度等審議会は、「プライマリー・バランスの黒字化」目標を達成できないことにいら立ち、焦り、そしてひどく怒っているようです。

ところで、「プライマリー・バランスの黒字化」目標を達成したら、財政危機は回避できるのでしょうか。

かつて、プライマリー・バランスの黒字化を見事達成した二つの国（A国とG国）の例を見てみましょう。

〈A国〉

1990年代初頭に経済危機に陥ったA国は、IMF（国際通貨基金）に救済を依頼したところ、IMFから融資の条件として、2003年度を達成年次としたプライマリー・バランスの目標を突き付けられました。

これを受け入れたA国は、歳出削減に励み、1998年以降はマイナス成長まで経験しましたが、何とか頑張って、目標年次より2年早い2001年1月、ついにプライマリー・バランスの黒字化を達成しました。

そして、その年の暮れ、**A国は財政破綻**したのです！

〈G国〉

2008年の世界金融危機の打撃を受けたG国は、IMFに融資を依頼し、A国のように、「プライマリー・バランスの黒字化」目標を押し付けられました。

その後、G国は、増税と歳出削減に励み、2013年、目標を達成しました。しかし、その代償として、G国のGDPの4分の1が吹っ飛び、失業率は26％超（若年層の失業率は60％）にもなってしまいました。

そして、２０１５年、**Ｇ国は、事実上の財政破綻**に陥ったのです！[注30]

このＡ国とは、**アルゼンチン**のことです。

そして、Ｇ国とは、**ギリシャ**のことです。

財政破綻の例としてよく引き合いに出されるアルゼンチンとギリシャは、財政制度等審議会が悲願とする「プライマリー・バランスの黒字化」目標を、見事に達成していました。そして、その後、まもなくして、財政破綻に陥ったのです。

国内民間部門の収支＋国内政府部門の収支＋海外部門の収支＝０

アルゼンチンもギリシャも、財政健全化を目指して、歳出削減や増税の努力をして、プライマリー・バランスを黒字化しましたが、結局、徒労に終わりました。

このことからも分かるように、歳出削減や増税を頑張っても、財政健全化は達成できないのです。

家計や企業であれば、支出を切り詰め、収入を増やせば、借金は減ります。ところが、国だと、そうはいかない。それは、どうしてなのでしょうか。

これを理解するために、まずは、当たり前の話から始めることにしましょう。

あらゆる支出は、誰かの所得として受け取られるものです。したがって、経済全体で見ると、支出の総計は所得の総計に等しくなります。

さて、国民経済全体（マクロ経済）は、国内民間部門、国内政府部門、海外部門から成り立っています。そして、ある部門における収支の赤字は他の部門における黒字によって相殺されます。

ということは、

「国内民間部門の収支＋国内政府部門の収支＋海外部門の収支＝0」

という恒等式が、事後的に（つまり、様々な調整の結果として）成立することになります。

注30　藤井聡『プライマリー・バランス亡国論：日本を滅ぼす「国の借金」を巡るウソ』育鵬社、2017年pp.26-31

この等式から明らかなように、国内民間部門、国内政府部門、海外部門のうち、一つの部門の収支を変化させるには、他の二部門の収支も変化させなければなりません。

例えば、政府の赤字の減少は、結果的に、民間部門か海外部門の赤字の増大となるのです。

実際の例で見てみましょう。

アメリカの国家財政は、90年代後半に黒字化しましたが、これは「民間部門の赤字＋海外部門の黒字（経常収支の赤字）＝赤字」の裏返しなのです。

この時期のアメリカでは、いわゆるＩＴバブルの発生により民間債務が急増したために、民間部門の収支が赤字になりました。実際、90年代末にＩＴバブルが崩壊すると、それとともに財政の黒字化も終わったのです。

また、２０００年代前半になると、アメリカの財政赤字は拡大し、かつ民間部門の赤字も増大しました。その代わり、海外部門の収支の黒字が増えました。

政府部門と国内民間部門の赤字の増大が、海外部門の黒字の増大によって相殺されたということです。


日本経済についても、見てみましょう（P.１８７の図9）。

80年代後半、日本の財政赤字は縮小し続け、90年には黒字に転じました。

同じ時期、民間部門の黒字を見ると、政府部門とは対照的に減少し続け、90年に赤字に転じています。

この民間部門の赤字は、バブル景気によって過剰に債務が積み上がったことを示しています。

この時期の政府部門の債務の減少は、民間部門がバブルにより債務を増大させたことの裏返しだったというわけです。

さて、バブルが崩壊し、さらに90年代後半にデフレに突入しました。

第一章で述べたように、デフレは貨幣価値が上がる現象ですから、借金は実質的に膨らんでいってしまいます。実際、民間部門は債務を減らし、債権を増やすようになりました。

この民間部門の債権の増大の裏返しとして、政府部門に債務が累積するようになったのです。
なお、2000年代前半には、政府部門の収支バランスが改善しています。ただし、それと同時に、海外部門の収支バランスが悪化しているのが分かります。これは、当時のアメリカが住宅バブルによる好景気で需要が拡大しており、その影響で、日本の輸出が増大したことを表しています。

ちなみに、こうして見ると、**政府部門の黒字化は、民間部門の過剰債務、つまりバブルの発生の裏返し**だと分かります。
政府部門の黒字は「財政健全化」と呼ばれ、好ましいもののように思われていますが、バブルの発生という意味では、民間経済の不健全化だともいえます。**財政健全化の達成は、必ずしも喜ばしいことではない**ということです。

財政制度等審議会は、「その後先人達が苦労の末に達成した特例公債からの脱却はバブルとともに潰えた一時の夢であったかのようである」と嘆いていました。しかし、財政黒字がバブルとともに潰えたのは、当たり前の話であって、財政健全化

図9◎政府債権の増大(財政黒字)＝民間債務の増大

国内民間部門の収支＋国内政府部門の収支＋海外部門の収支＝0

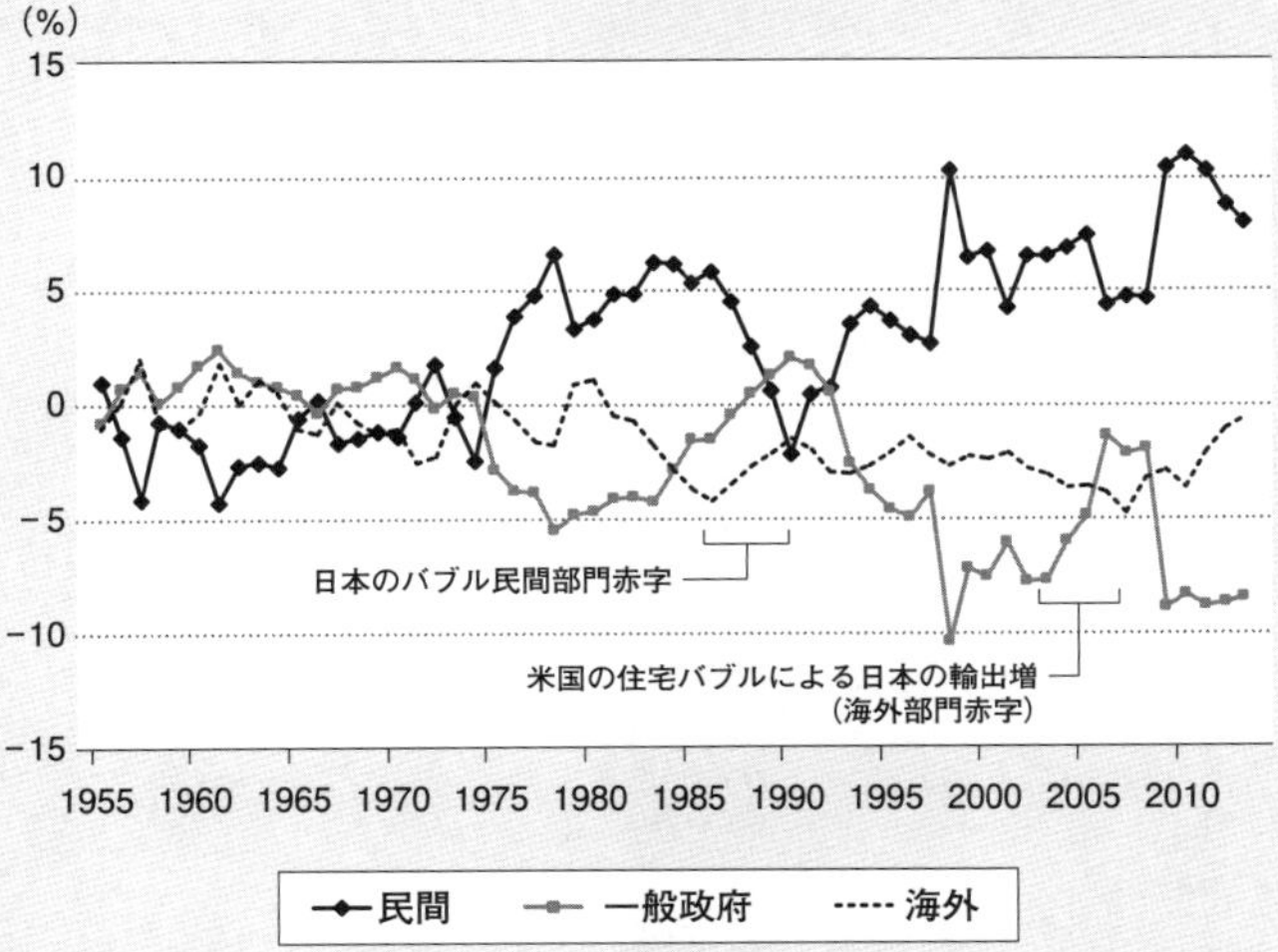

出典)京都大学大学院藤井聡研究室作成

の苦労から逃げたからではありません。バブルの崩壊で、民間部門が債務を減らし(債権を増やし)、その裏返しで政府部門の債務が増えただけにすぎないのです。

財政制度等審議会は、**「誰かの債務は、別の誰かの債権」**という基本中の基本すら分かっていないようです。

財政健全化は徒労に終わる

さて、「国内民間部門の収支＋国内政府部門の収支＋海外部門の収支＝0」という構造を頭に入れた上で、財政健全化(国内政府部門の収支の改善)を実現するには、どうしたらよいかを考えてみましょう。

まず、政府は、消費税を8％から10％に上げるように、「税率」を上げることはできます。

しかし、「税率」を上げたところで、「税収」までも上げることはできません。なぜなら、政府の税収は、経済全体の景気動向に大きく左右されるからです。

また、政府は、財政支出を削減することもできます。しかし、これもまた、景気が悪くて税収が減ってしまえば、財政収支は改善しません。

考えてみれば当たり前の話なのですが、財政収支がどうなるかは、結局、すべて景気次第ということです。だから、財務省がいくら頑張って増税や歳出削減をやって、財政を健全化しようとしたところで、徒労に終わるだけなのです。

実際、平成の日本においては、財政健全化の試みが何度も繰り返されてきましたが、財政は基本的に悪化し続けてきました。

しかし、それは政府の無駄な支出増のせいではありません。それは、税収の減少と社会保障費など経常移転支出の増加のせいです。そして、税収が減少した原因は、単に、不況だったからです。

第一章で見たように、この20年の間に、ヨーロッパやアメリカの名目ＧＤＰは2倍前後にまで増えています。

もし日本が欧米並みに成長していれば、それだけで現在の名目ＧＤＰは１０００

兆円を超していたでしょう。現在のように、社会保障の財源が問題視されることなど、なかったはずです。

しかし、景気が悪く、経済成長がなければ、財務省だけがどうあがいたところで、政府部門の赤字を減らすことはできないのです。

ならば、海外部門の収支を操作することにより、財政健全化を目指すという案は、どうでしょうか。

「国内民間部門の収支＋国内政府部門の収支＋海外部門の収支＝０」の等式に従えば、確かに財政赤字の削減は、海外部門の赤字（経常収支の黒字）を増加させることでも相殺できるでしょう。

先ほど見たように、２０００年代前半の小泉政権下では、このようにして、政府部門の収支の改善が見られました。

しかし、経常収支というものは、内外の景況や為替レートなど様々な要因によって決まります。それを国家政策によって思うように操作するというのは、無理筋というものです。

もっと問題なのは、経常収支黒字の増加を目指す政策の実施は、輸出によって相手国の市場と雇用を奪う結果となることです。これは、自国の利益のために他国を食い物にするという、いわゆる**「近隣窮乏化政策」**といわれているものです。とりわけ現在のように、世界的に経済が停滞している中では、採用すべきものではありません。

もし、日本が「財政を健全化したいので、経常収支の黒字化を目指す」などと高らかに宣言したら、アメリカをはじめ各国からの非難が殺到することでしょう。

日本が財政赤字の拡大に歯止めをかけることができないのは、歳出削減の努力が足りないからではありません。

「国内民間部門の収支＋国内政府部門の収支＋海外部門の収支＝０」というマクロ経済の構造からして、財務省が歳出削減と歳入増加によって財政を健全化しようとしても、**無駄な骨折りに終わる**運命にあるのです。

「歳出削減と増税によって、財政を健全化しなければならない」と主張している人たちは、**「誰かの債務は、別の誰かの債権である」**という常識を忘れてしまっているのではないでしょうか。

あるいは、例によって、政府の財政を、個人や企業の収支と同じように考えてしまっているのではないでしょうか。


財政制度等審議会は「国・地方合わせたプライマリーバランスの黒字化という目標すら、15年を超える歳月を経てもいまだ達成されていない」などと憤っていました。しかし、そもそも、そんな目標を設定したことが間違いなのです。

財政悪化なくして財政再建なし!

前章までの議論で明らかにしたように、日本は財政健全化を目指す必要はありません。それどころか、デフレなので、財政健全化を目指してはいけないのです。

それでもなお、財政健全化を目指して歳出抑制や増税を実行すると、景気が悪くなり、そもそもの税収の元である国民所得が減るので、税収が減り、財政健全化は達成できません。

財政健全化の努力が経済を停滞させ、財政をかえって悪化させる。そこで、また財政健全化の努力を続ける。

平成日本は、まさにこの無限ループの中に巻き込まれていたのです。

そこで、もし発想を転換して、財政赤字を拡大したら、どうなるでしょうか。

財政は悪化しますが、それによってデフレは克服され、民間消費や民間投資が増え、経済が成長していきます。

すると、税収が増える。

景気がよくなり、インフレになるので、財政支出を拡大する必要がなくなる。というか、財政支出を抑制しなければならなくなる。財政支出を拡大し続けると、インフレが行き過ぎてしまうからです。また、中央銀行が金融引き締めによって、インフレを抑えるという手段もあります。それでもインフレが進み、増税が必要になったとしても、累進所得税とか金融資産課税とか、消費税以外の税で増税すればいいでしょう。わざわざ、逆進的な消費税の増税をする必要はありません。それでもまだインフレが収まらないようだったら、その時こそ消費増税を行って、消費需要を抑制すればよいでしょう。

いずれにしても、デフレを脱却すれば、財政はおのずと健全化へと向かいます。したがって、どうしても財政を健全化したければ、財政赤字を拡大しなければならないのです。

言わば**「財政悪化なくして財政再建なし」**です。

もっとも、「財政悪化なくして財政再建なし」などと訴えたところで、誰も理解してくれないでしょう。「頭がおかしいのではないか」と言われて終わりでしょう。しかし、そんなことだから、日本はデフレを脱却することができないのです。

もっと言えば、そもそも、「財政健全化」それ自体は、目指すべき目標ではありません。財政健全化は、あくまでインフレの行き過ぎを防ぐための手段にすぎないのです。デフレであるうちは、財政は健全化できないし、すべきでもない。

財政政策が目指すべきなのは、あくまでデフレ脱却という「国民経済の健全化」なのです。日本の財政政策をあずかる財務省や財政制度等審議会は、その財政政策の基本を見失っていると言わざるを得ません。

第二部　経済学者たちはなぜ間違うのか？

第十章 オオカミ少年を自称する経済学者

「国難」としての自然災害

２０１８年7月上旬、西日本を中心とする豪雨災害で２００人以上が犠牲になり、家屋被害が2万６０００棟を超えました。治水の想定を超えた被害と言う人もいました。

しかし、この被害は、必ずしも想定外とは言えません。

気象庁によれば、「非常に激しい雨」（時間降水量50㎜以上）は30年前よりも約１・3倍、「猛烈な雨」（時間降水量80㎜以上）は約１・７倍に増加しています。[注31]

また、国土交通省によれば、過去10年間に約98％以上の市町村で、水害・土砂災害が発生しており、10回以上発生した市町村はおよそ6割に上っています。注32

このように、政府の関係機関は、近年、豪雨災害のリスクが高まっていることを認識していました。

それにもかかわらず、主要河川の堤防整備はいまだに不十分な状況にあるのです（P.199の表2）。

では、政府は、この20年間、治水関連予算を増やしてきたのかといえば、実際にやってきたことは、その逆でした（P.199の図10）。

公共投資自体も、1990年代後半以降、大幅に削減されてきました。2012年に成立した第二次安倍晋三政権では、積極的な財政出動が行われたかのようなイメージがあります。しかし、実際の公共事業関係費の予算額は、民主党政権時とあ

注31 www.soumu.go.jp/main_content/000514806.pdf
注32 http://www.mlit.go.jp/river/pamphlet_jirei/kasen/gaiyou/panf/pdf/index.html

まり変わりません（P.２０１の図11）。

平成の時代は、阪神淡路大震災、新潟県中越地震、新潟県中越沖地震、北海道胆振東部地震、東日本大震災、津波、台風、高潮、ゲリラ豪雨など、大規模な自然災害が頻発しました。

それにもかかわらず、インフラを整備するための公共投資が削減・抑制され続けてきたのです。

その理由は、言うまでもなく、財政健全化が優先されたからです。

しかし、その結果、今回の豪雨災害においても、治水対策が強化されていれば守られたはずの人命が失われました。国民の生命・生活が、財政健全化の犠牲となったのです。


同じ過ちが、来るべき巨大地震についても繰り返されようとしています。

２０１８年６月、土木学会は、今後30年以内の発生確率が70～80％とされる南海トラフ地震が日本経済に与える被害総額は、20年間で最悪１４１０兆円になるという推計結果を公表しました。

表2◎主要河川の堤防整備状況（平成30年3月末現在）

	水系名	直轄管理区間延長（km）	堤防延長（km）		（参考）
			計画断面堤防（a）	堤防必要区間（b）	a／b（%）
関東	荒川	144.3	187.3	267.3	70.1
	利根川	801.2	924.2	1420.7	65.1
	那珂川	99.5	47.5	126.6	37.5
	多摩川	78.6	102.9	130.8	78.6
	富士川	122.1	111.7	165.6	67.5
中部	天竜川	221.8	123.8	188.6	65.6
	豊川	39.1	59.1	69.5	84.9
	庄内川	69.5	53.9	99.3	54.3
	木曽川	250.9	255.1	470.5	54.2
	鈴鹿川	41.2	51.3	78.9	65.0
近畿	紀の川	68.4	91.5	110.3	82.9
	大和川	48.3	41.9	84.2	49.7
	淀川	225.4	210.8	346.4	60.9
	揖保川	66.7	50.9	119.8	42.5
	由良川	56.4	40.5	94.6	42.8

注1）直轄管理区間延長はダム管理区間を除く
注2）計画断面堤防は計画法線上に計画断面を確保した堤防
注3）四捨五入の関係で、少数点以下が合計値で合わない場合がある

出典）国土交通省HPより抜粋。大石久和作成・提供

図10◎防災分野の公共投資推移の国際比較

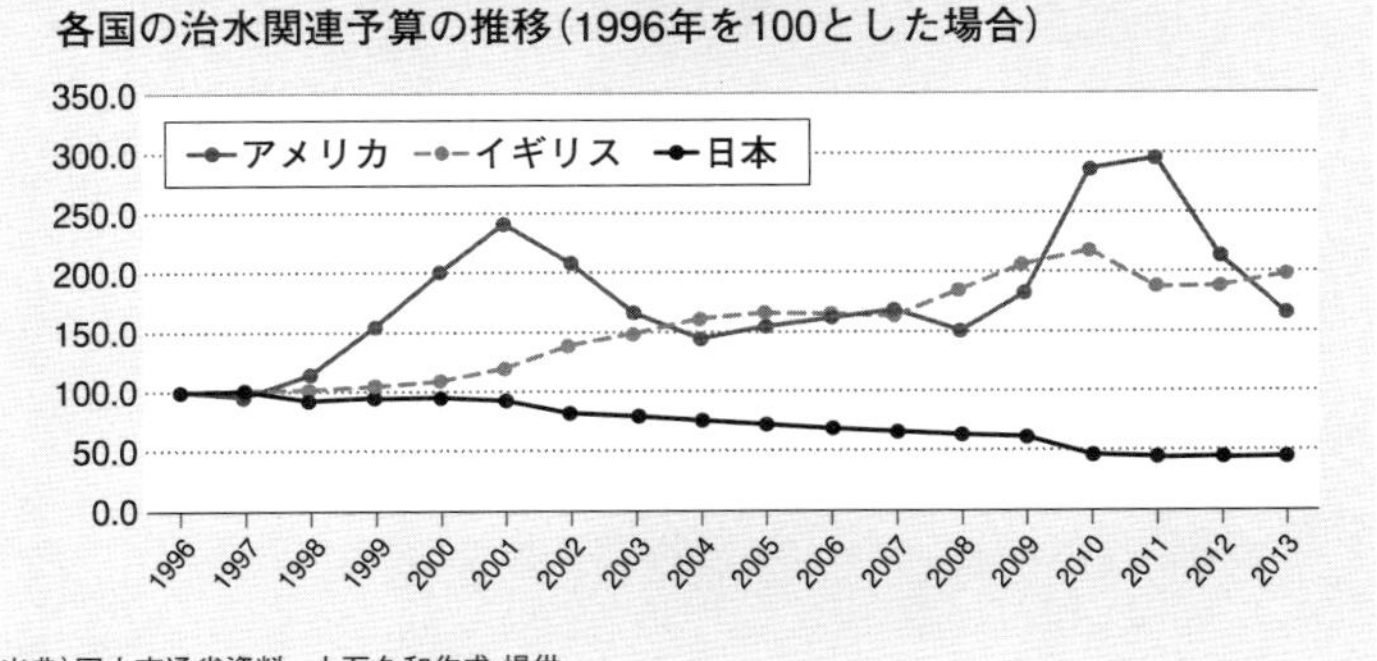

出典）国土交通省資料。大石久和作成・提供

土木学会は、発生が予測されている南海トラフ地震、首都直下地震、三大都市圏の巨大水害を「国難」と呼び、この「国難」に対処するために、防災のための大規模な公共インフラ投資を提言しています。[注33]

日本は、急ぎ、防災のための公共インフラの整備に着手しなければならない。普通は、そう思うでしょう。

ところが、これに異を唱える経済学者がいるのです。吉川洋・東京大学名誉教授です。

「亡国」の財政破綻

吉川氏は、土木学会の発表に対して、次のように述べています。(『中央公論』2018年8月号)。

注33 http://committees.jsce.or.jp/chair/node/21

図11◎公共事業関係費

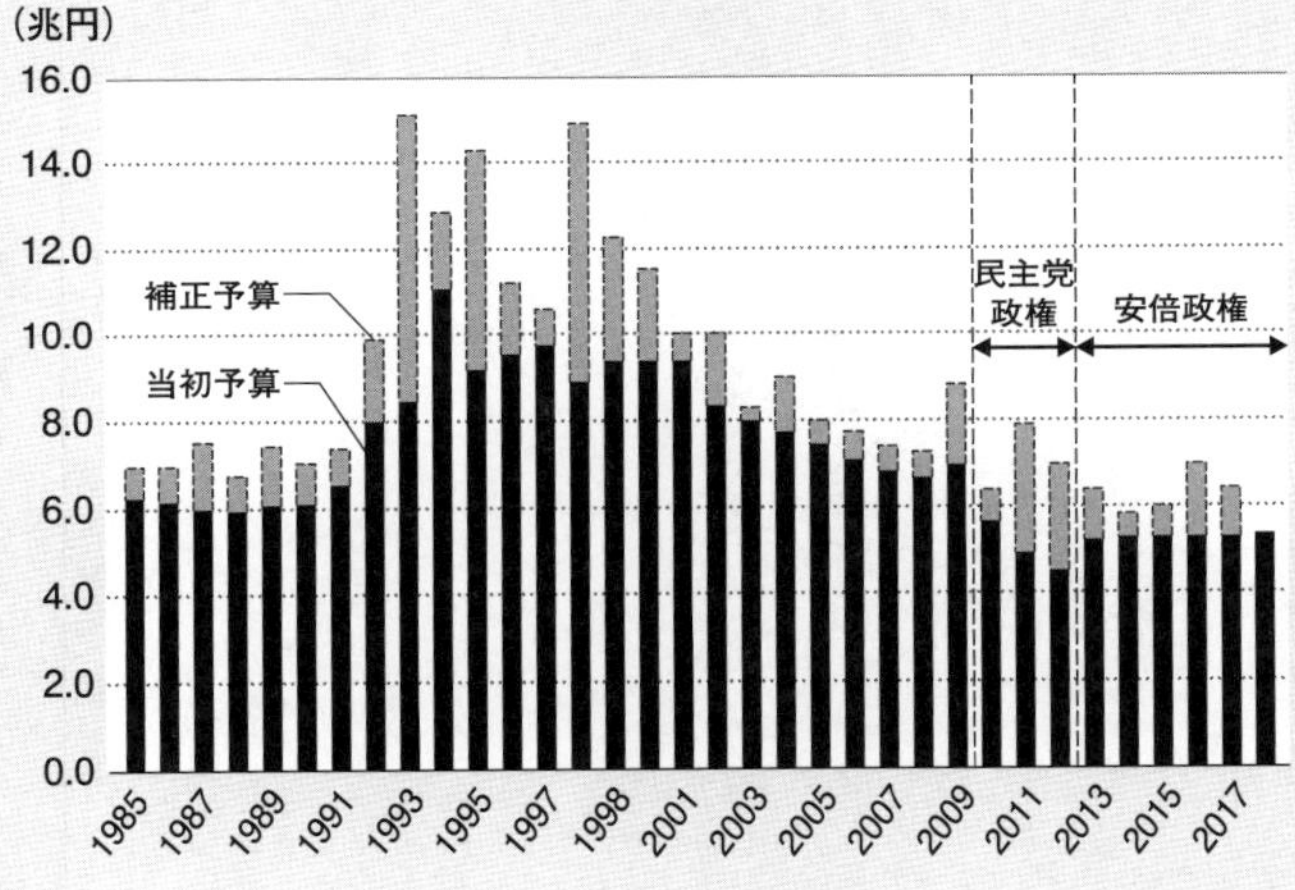

※同一基準で経年変化を比較可能とするために2014年の社会資本特別会計の一般会計化(2014年以降も14年の0.62兆円の水準を維持すると仮定)の影響を除去した数値

出典)政府統計(財政統計/予算及び決算の分類/主(重)要経費別分類)より　藤井聡作成・提供

今回の土木学会の発表で最も注目されるのは、インフラ耐震工事約四〇兆円で南海トラフ地震の場合五〇九兆円の被害を縮小できるという推計結果である。これほどの高い効率性をもつ公共事業は他に存在しない。整備新幹線はじめほとんどすべての公共事業をわれわれはしばらく我慢しなければならない。(略)あれもこれもと、現在国費ベースで年六兆円の公共事業費を拡大することはできない。それでは「国難」としての自然災害を機に、「亡国」の財政破綻に陥ってしまう。

吉川氏は、日本は財政破綻のリスクがあるので、南海トラフ地震の対策をやりたければ、ほとんどすべての公共事業をあきらめろというのです。しかし、ほとんどすべての公共事業を止めることなど現実的には不可能でしょう。

つまり、吉川氏は、「インフラ耐震工事費を40兆円も出せないから、南海トラフ地震の被害は甘受しろ」と言っているに等しいのです。

しかし、本書第一部で明らかにした通り、日本政府が債務不履行に至ることなど、あり得ないのです。また、財政赤字の拡大は理論上、長期金利を上昇させません。

そして、過去約20年、政府債務残高は増え続けましたが、長期金利は世界最低水準で推移し、２０１６年にはマイナスすら記録しました。

ある推計によれば、２０００年から07年における財政赤字の１兆円の増加は、長期金利を０・15ｂｓｐ～０・25ｂｓｐ（１ｂｓｐは０・01％）引き上げただけだったとのことです。[注34] つまり、財政赤字を１００兆円増加したとしても、長期金利の上昇は０・３％にもならなかっただろうということです。

したがって、「現在国費ベースで年6兆円の公共事業費を拡大すること」はできます。できるだけではなく、すべきなのです。

むしろ、デフレの今こそ、インフレの副作用をもたらさずに公共投資を拡大できるチャンスなのです。

注34　http://ci.nii.ac.jp/naid/110007149554

経済学者たちの緊急提言

それにもかかわらず、吉川氏は、長期デフレ下の日本にあって、歳出抑制の必要性を強く主張し続けてきました。

例えば、2003年、吉川氏は、複数の経済学者らと共同で、政府部門の債務の対国内総生産（GDP）比率が140％に達していることを踏まえ、「財政はすでに危機的状況にあり、できるだけ早い機会に財政の健全化（中略）が必要である」という緊急提言を発表しました。（日本経済新聞2003年3月19日付「経済教室」）。

ちなみに、この緊急提言に名を連ねた吉川氏以外の経済学者は、伊藤隆敏氏、伊藤元重氏、西村清彦氏および八田達夫氏（いずれも東京大学教授）、樋口美雄氏および深尾光洋氏（いずれも慶應義塾大学教授）、そして八代尚宏氏（日本経済研究センター理事長）です（肩書は、いずれも当時のもの）。

どの方々も日本を代表する経済学者であり、経済政策にも大きな影響を及ぼし得る立場にあります。中でも、伊藤隆敏氏、伊藤元重氏、八代尚宏氏、吉川洋氏の四人は、経済財政諮問会議の議員を経験しています。

彼らの緊急提言によれば、このままだと政府債務の対GDP比率が200％に達するが、「この水準は国家財政の事実上の破たんを意味すると言ってよい。たとえデフレが収束し経済成長が回復しても、その結果金利が上昇するとただちに政府の利払い負担が国税収入を上回る可能性が高いから」であるとのことです。

しかし、**2018年時点の政府債務の対GDP比率は、吉川氏らが「国家財政の事実上の破たん」とした水準をすでに上回り、240％近くとなっていますが、長期金利はわずか0・03％程度にすぎません。**

政府債務の対GDP比率と財政破綻とは関係がないのです。

それでもなお、吉川氏らは、「デフレが収束し経済成長が回復すると、ただちに政府の利払い負担が国税収入を上回る可能性が高い」と主張します。

しかし、この主張は、まったく理解しがたいものです。

なぜならば、第一に、経済成長が金利を上昇させる可能性は確かにありますが、それは同時に税収の増加をもたらし、財政収支を改善するはずです。

例えば、2018年度当初予算は、企業業績の改善を背景に、中央政府の政策経費（地方交付税交付金等を除く）を上回る税収が見込まれています。

もっと端的な例を挙げると、1990年頃、長期金利は6％を超えていました。しかし、その当時、誰も財政破綻を懸念していませんでした。それどころか、一般政府の財政収支は黒字だったのです。言うまでもなくバブル景気が税収の増加をもたらしていたからです。


第二に、政府の利払い負担が国税収入を上回るほどふくらむなどというのは荒唐無稽です。

日本の国債の利払い費は、2018年度予算では約9兆円が計上されています。これは長期金利を1・1％として算定されたものです。しかし、実際の市場金利は0・03％程度だから、実際の利払い費は9兆円よりもずっと小さいでしょう。

したがって、仮に長期金利が今の30倍に跳ね上がったとしても、利払い費は9兆円にも満たないのです。その程度の利払い負担が、55兆円くらいはある国税収入を上回る可能性を心配するのを「杞憂」と言います。

第三に、それでも金利の上昇を回避したいというのであれば、中央銀行が国債を買い取ればよい。単にそれだけの話です。

要するに、**吉川氏の言う「『亡国』の財政破たん」（金利が上昇して政府の利払い負担が国税収入を上回ること）のリスクとやらは、ほとんどない**ということです。

しかも**その極小のリスクですら、経済政策によって容易に克服できる**程度のものです。

いや、この際ですから、もっとはっきり言ってしまいましょう。

そもそも、自国通貨を発行できる日本政府が、国債の利払い負担で苦しむなどということは、あり得ないのです。ですから、「『亡国』の財政破たん」の発生確率は、ずばり、0％です。

これに対し、「『国難』としての自然災害」は、今後30年以内の発生確率が70〜80%だというのです。しかも**金利上昇による経済損失などとは違って、自然災害により失われた人命は、取り返しがつきません。**

そう考えると、「『国難』としての自然災害を機に、『亡国』の財政破たんに陥ってしまう」などという主張は、とうてい受け入れられるものではありません。

オオカミ少年

「政府債務の対GDP比率が200%に達すると、事実上の財政破綻」とした吉川氏ら経済学者たちの緊急提言から、15年が経ちました。政府債務の対GDP比率は、2011年には200%を超えました。

しかし、日本の財政は、破綻しませんでした。それどころか、長期金利も、世界最低水準で推移してきました。

破綻するはずの財政がいっこうに破綻しないので、困ったのでしょうか。緊急提言の共著者の一人である伊藤元重東大教授（当時）は、２０１２年8月に、次のように書いています。

財政危機を警告する経済学者はオオカミ少年と呼ばれることがある。「オオカミが来る」と言っているが、来ないではないか、と。つまり、国債の価格は下がるどころかまだ上がり続けている。経済学者の警告は外れている――そうした批判だ。

しかし、オオカミ少年の話では、最後にはオオカミが来た。財政危機というオオカミの姿はすぐそこに見えている。[注35]

しかし、それから5年が経っても、すぐそこに見えているはずの「財政危機というオオカミ」は、いっこうに姿を現しませんでした。すると、２０１７年9月、今度は、吉川洋氏が、次のようなエッセイを書きました。

注35　https://diamond.jp/articles/-/22581?page=6

財政規律は大切、PB黒字化を、と訴えると、財政赤字が大変だ、大変だ、といつも言うが、金利はゼロで一向に上昇する気配もない、それこそ「オオカミ少年」だと言われる始末である。誰もが知るオオカミ少年の話、実は2つの結末があるのをご存じだろうか。

（中略）

明治6年につくられた文部省の『小学読本』では、少年がオオカミに噛《か》み殺されてしまう。嘘を戒める教訓話である。しかし、この話はもともと「イソップ物語」にあるもので、そこではオオカミに食われてしまうのは少年ではなく、村人が大切にしている羊たちなのだ。ここはやはり、文部省がつくった教訓話ではなく、古代ギリシャのイソップ原版でいきたい。

穏やかな海を見て「津波が来る！」と言う人を嘘つき呼ばわりする愚は明らかであろう。津波と同じく、財政破綻は大きなリスクである。違いは、財政破綻は人災であるということだ。人の手で防ぎうる。そのためにはオオカミ少年

の声に耳を傾けなければならない。[注36]

本書第一部を読んで、日本の財政破綻はあり得ないことを知っている読者の方々は、伊藤氏と吉川氏に対して「先生、しっかりしてください！」と叫びたくなったのではないでしょうか。

伊藤氏も吉川氏も、なぜ財政破綻にならなかったのか、なぜ自分たちの予想が外れたのかについて、何ら理論的に説明することなく、もちろん反省もせず、相変わらず「財政破綻は必ず来る」と言い張っています。

しかも、呆れたことに、財政破綻が来るという根拠は何かといえば、「イソップ物語では、オオカミは最後に来たのだ」というもの。

もしかして、これは悪い冗談なのでしょうか。

イソップ原版だろうが、文部省版だろうが、そもそも「オオカミ少年」の話を持ち出して、財政危機を煽ること自体がおかしいでしょう。だいたい、あの話は嘘つ

注36 https://www.mof.go.jp/public_relations/finance/201709/201709b.html

きを戒《いまし》めるための教訓話なのですよ。それに、オオカミと違って、財政破綻が来ることはあり得ないのです。

むしろ、警告したことが本当に起きたという意味では、伊藤・吉川の両東大教授よりも、オオカミ少年のほうがまだましです。

意味不明なエッセイを書くだけならまだしも、彼らの財政破綻論が現実の経済政策に大きな影響を与えてきたことは、看過できません。

特に、吉川洋氏は2001年1月から2006年9月までと、2008年9月から2009年9月まで、経済財政諮問会議の議員を務めていました。伊藤元重氏も2013年1月から、経済財政諮問会議の議員を務めています。

彼らのような経済学者の影響もあって、財政支出は抑制され続けてきました。その結果、デフレは長く放置され、日本国民の多くが苦しむこととなりました。しかも、冒頭で述べたように、防災のためのインフラ事業費まで削られたために、地震や豪雨などの自然災害によって、多くの人命が失われてきたのです。

こんな馬鹿げた状態を、平成の日本は20年以上も続けてきました。そして、まだ続けています。
いったい、いつまで、オオカミが来るのを待ち続けるつもりなのでしょうか。

第十一章
自分の理論を自分で否定した経済学者

構造デフレ説

経済学者の岩田規久男氏は、かねてより、日銀によるインフレ目標の設定と、量的緩和（中央銀行による国債の大量購入）によってマネタリー・ベースを増やすことで、インフレを起こすことができると強く主張してきました。

そして、岩田氏は、２０１３年、日銀副総裁に就任し、その自説を実行に移してきました。日銀は、２年以内にインフレ率２％というインフレ目標を設定し、大量の国債を購入し始めたのです。

ですが、そのインフレ目標は達成できませんでした。

岩田氏自身も、２０１４年10月28日の参議院財政金融委員会において、「就任前に2年程度で２％の物価目標が実現できない場合は辞職すると発言したことについて、深く反省している」と述べました。[注37]

ところで、岩田氏の説は、どこが間違っていたのでしょうか。検証してみましょう。

岩田氏はその著書『デフレと超円高』の中で、「デフレは、貨幣現象である」と主張します。

また、デフレの原因を経済構造に求める説を「構造デフレ説」（＝非貨幣的デフレ説）と呼び、「構造デフレ説」には致命的な欠陥があると強く批判しています。

岩田氏は「構造デフレ説」を否定することで、金融政策でデフレから脱却できる

注37 http://jp.reuters.com/article/businessNews/idJPKBN0IH08G20141028

と主張するのです。
その際の論法の一つは、次のようなものでした。

第四章で採り上げた様々な「構造デフレ説」は、「デフレは貨幣とは無関係に起きる。したがって、金融政策ではデフレを終わらせることはできない」という点で共通している。この意味で、「構造デフレ説」とは「非貨幣的デフレ説」である。

したがって、「構造デフレ説」が現実に妥当とすれば、日銀が国債をすべて買い上げ、政府が税金を廃止し、財政支出を日銀の国債引き受けでファイナンスすればよいことになる。それで、インフレが起きないのであるから、なんら不都合なことは生じない。

それどころか、国民は税金を納めなくても、政府サービスを受けられるのであるから、幸福この上ない。

「構造デフレ説」とは、それを主張する人たちは気がついていないが、こういう夢の世界が実現することを前提にしているのである。注38

経済構造と貨幣の関係

さて、この論法、どこが間違っているのでしょうか。

間違いの一点目は、第一部で繰り返し論じてきた「貨幣とは何か」という問題に関わります。

岩田氏は「デフレとは、貨幣現象である」と言います。貨幣の供給が過少になるとデフレになるというわけです。

これ自体は、その通りです。

ところで「貨幣」とは、何でしょうか。

「貨幣」とは、現金（現金通貨）と預金（預金通貨）のことであり、「預金通貨」が貨幣全体の8割以上を占めています。

この預金通貨の供給は、銀行が貸出しを行うことで増えます。

ただし、銀行が貸出しを行うには、そもそも借り手の資金需要というものがなけ

注38　岩田規久男『デフレと超円高』講談社現代新書、2011年p224-5

ればなりません。

逆に言えば、借り手がいなければ、貨幣は供給されなくなり、デフレになるというわけです。

おそらく、ここまでは岩田氏も異論がないはずです（『デフレと超円高』第五章参照）。

しかし、そうだとすると、こういう論理になるはずです。

デフレの原因は、貨幣不足である。

貨幣不足の原因は、借り手の資金需要の不足である。

よって、デフレの原因は、資金需要の不足である。

そして、資金需要がどうして不足するかといえば、それは経済構造の変化によって需要が減少するからという場合も、十分にある。

例えば、ＩＴの普及で事務の仕事がなくなったり、安価な海外製品の流入で国内産業が衰退したりといった経済構造の変化によって、失業が増え、景気が悪化すれば、資金需要は縮小します。

そうしたら、銀行による信用創造が鈍り、預金通貨の供給が減少するでしょう。

こうして、デフレが起きるのです。

このように、貨幣の供給量と経済構造（需要）とは、深い関係にあるのです。だとすると、岩田氏のように、「構造デフレ説」は「非貨幣的デフレ説」だとは言えません。

「構造デフレ説」と「貨幣的デフレ説」とは、実は、矛盾しないのです。

第一部での議論をもう一度、思い出してください。

第二章では「デフレとは『需要不足／供給過剰』のこと」と主張し、規制緩和、自由化、グローバル化などを進める「構造改革」は、「供給過剰」をひどくするものであり、デフレを悪化させるものだと論じました。これは、「構造デフレ説」です。

他方、第四章では、「デフレとは、貨幣不足による貨幣価値の上昇（物価の下落）のこと」と論じています。これは「貨幣的デフレ説」です。

そして、信用貨幣論からすれば、この二つの説は、同じことを別の側面から言っているにすぎないのです。

ところで、「構造デフレ説」を否定した岩田氏ですが、奇妙なことに、2014年6月3日の講演では、構造改革がデフレ圧力を生むと発言しています。[注39]

構造改革がデフレ圧力を生むというのは、その通りです。しかし、これは、れっきとした「構造デフレ説」ではないのでしょうか。

岩田氏の論法の間違いの二つ目は、「日銀がいくら国債を買い上げてもインフレにならないというならば、日銀が国債をすべて買い上げ、政府が税金を廃止し、財政支出をする無税国家が可能になるではないか」という反論の中にあります。

確かに、無税国家なんかにしたら、ひどいインフレが起きるでしょう。

しかし、無税国家でインフレが起きる理由は、税金を廃止し、財政支出をするからではないでしょうか？

つまり、無税国家というのは、究極の財政赤字の状態であり、だから極端なインフレを引き起こすのです。

裏を返せば、インフレを起こすことができるのは、財政赤字の拡大だということです。

このように、岩田氏が持ち出した無税国家の例は、よく見ると、「金融政策では、デフレを終わらせることができない」という説の欠陥を示すものにはなっていません。そうではなく、**「財政政策では、デフレを終わらせることができない」という説の欠陥を示すもの**です。

つまり、岩田氏は、デフレを終わらせるのは財政政策だと言うべきだったのです。

注39　http://jp.reuters.com/article/marketsNews/idJPT9N0NK00220140603

インフレ目標と期待

ところで、岩田氏は、どうして金融政策でデフレ脱却が可能と主張していたのでしょうか。

岩田氏の理論によれば、金融政策が人々にインフレになるという予想を抱かせて、消費や投資を促すというのです。

量的緩和とインフレ目標がインフレ予想をもたらし、インフレ予想が資金需要を生み、貨幣供給を増やすというわけです。

再び『デフレと超円高』から抜粋します。

日銀が厳しい説明責任を伴ったインフレ目標の達成にコミットし、インフレ目標が安定的に達成されるまで、マネタリー・ベースの拡大を続けることを、民間経済主体に信用させることができるかどうかが、民間経済主体の予想インフレ率がインフレ目標値まで上昇するかどうかの鍵である。[注40]

第一部第六章で説明したように、マネタリー・ベースを増やしたところで、貨幣供給量は増えず、インフレは起きません。そもそも、そういう仕組みではないのです。

もっとも、岩田氏は、マネタリー・ベースを増やすと、ただちに貨幣供給量が増えると言っているわけではありません。

そうではなく、日銀がインフレ目標を守るという約束をして、マネタリー・ベースを増やすと、人々が「インフレが起きるぞ」と予想する。そして、人々が消費や投資を始める。だから、資金需要が生じ、貨幣供給量が増える。

これが岩田氏の理論です。

しかし、マネタリー・ベースを増やしてもインフレにはならない仕組みなのに、どうしてマネタリー・ベースを増やすと、人々はインフレ予想を抱くのでしょうか？

注40　岩田2011: p.207

それは、人々が「マネタリー・ベースが増えるとインフレになる」と誤解をしているからとしか、考えられません。

しかし、そもそも、どれだけの人々がマネタリー・ベースの量を見て、将来予想や行動を決めているというのでしょうか。仮にそうだとしても、誤解に基づくインフレ予想などというものが、どれだけ長続きするというのでしょうか。

百歩譲って、仮に人々がインフレ予想をして、お金を借りたり、使い始めたりするとしても、そのお金が消費や設備投資に回るとは限りません。例えば、**株式や不動産など、資産の購入に回ってしまうかもしれない。それでは、資産価格は上がるかもしれませんが、一般物価や賃金は上がりません。**

金融市場が発達した現在では、資産価格だけ上昇して、物価はあまり上昇しないということがあり得ます。１９８０年代後半の日本や、２０００年代前半のアメリカでは、不動産価格は急騰しましたが、一般物価はそれほど上がりませんでした。

もちろん、資産価格が上がれば、消費や設備投資も増えるのかもしれません。しかし、誤解に基づくインフレ予想が起こした資産価格の上昇は、それこそ、いずれ破裂する**バブル**でしょう。

いずれにしても、インフレ目標とマネタリー・ベースの増大がどのようにして人々にインフレ期待を抱かせ、そしてインフレ期待がどのようにしてインフレを起こすのか、岩田氏の理論では、はっきりしないのです。

ならば、実験してみたらいいではないか。

というわけで、2013年以降、日銀は、岩田氏の理論に従って、インフレ目標とマネタリー・ベースの増大を実行しました。しかし、実験の結果は、ご存じの通りです。

ところが、岩田氏の理論の問題は、それだけではありませんでした。もっと深刻な問題があったのです。

岩田氏は、インフレ目標政策には、「数値目標の設定」「達成期間の明確化」「数値目標は政府が決定」「説明責任」「動学的整合性（政策実施後に、目標を変更しないこと）」の五つが必要だとしていました。[注41]

この五つのうちの「説明責任」とは、インフレ目標を達成できなかったときには、中央銀行の幹部が辞職するということを含みます。

「厳しい説明責任を伴ったインフレ目標の達成にコミット」することで、予想インフレ率を上昇させようというのが岩田氏の理論なのです。

岩田氏が、日銀副総裁就任前に、「2年程度で2％の物価目標が実現できない場合は辞職する」と発言したのは、自らの理論を実践するためだったのでしょう。

この「説明責任」の理論に基づき、岩田氏は、日銀がインフレ目標を設定するだけでは十分ではなく、白川方明・日銀総裁をはじめとする当時の日銀幹部全員の辞職まで要求しました。デフレを放置した日銀幹部たちの無責任を放置していては、誰も日銀の金融政策を信用しないからだというのです。[注42]

白川日銀総裁は「持続的に物価が下落するのは、需要の弱さの結果として生ずる現象であり、（中略）需要自体が不足しているときには、流動性を供給するだけでは物価は上昇しない」と述べていました（２００９年11月20日の金融政策決定会合後の記者会見）。これは、正しい見解です。

ところが、岩田氏は、この白川氏の発言を厳しく批判しました。[注43] 金融政策でインフレを起こすことができるのに、白川総裁はそれを否定した。だから、デフレを放置した責任は、白川総裁にある。こういう論理で、岩田氏は白川氏のことを激しく責め立てたのです。

結局、白川総裁は2013年3月、任期満了を待たずに辞任しました。後任の日銀総裁には、黒田東彦氏が就任し、岩田氏は副総裁の座に就きました。そして、説明責任に基づくインフレ目標の設定と量的緩和という、自らの理論を実行に移したのです。

しかし、インフレ目標の達成は失敗に終わったことは、すでに述べた通りです。

ところが、岩田氏は、インフレ目標を達成できなければ辞職するという約束を覆してしまいました。それどころか、国会の場において、そのような約束をしたことについて、反省の弁を述べてしまったのです。

注41 岩田2011: pp.192-3
注42 岩田2011: pp.203-4
注43 岩田2011: p.167

白川氏が責任をとって日銀総裁を辞任しなければデフレは脱却できないと言いながら、白川氏が日銀総裁を辞任してもデフレから脱却できず、しかも、自分は、デフレ脱却に失敗した責任をとらずに日銀副総裁の地位にとどまり続ける……。

なんと、岩田氏は、自分で自分の理論を裏切ってしまったのでした。

後任の日銀副総裁

2018年3月、岩田氏は任期満了により日銀副総裁を退き、後任には、早稲田大学の若田部昌澄教授が就任しました。
岩田氏の理論に基づく金融政策は失敗に終わりましたが、若田部氏は、どのような考えの持ち主なのでしょうか。若田部氏に対するインタビュー記事に基づいて、確認しておきましょう。[注44]
このインタビューが行われた2014年11月は、安倍政権の下で、インフレ率2%の目標期限である2年が迫る中、4月に消費税の税率が5%から8%に引き上げられたため、景気が再び悪化した頃でした。

若田部氏は、安倍政権の経済政策を採点し、金融政策には90点を付けています。他方、財政出動については60点を付け、消費増税によって経済が落ち込んだことを批判しています。

ここでは、若田部氏が、金融政策を最重要視しているようでありながら、事実上は、「財政政策の効果が一番大きい」と認めていることに注意をしておきましょう。なぜなら、消費増税というマイナスの財政政策が、金融緩和の効果を打ち消してしまったと言っているわけですから。

ところが、若田部氏は、経済を立て直すのに必要なのは、量的緩和の追加とTPP（環太平洋経済連携協定）への参加だとして、次のように述べたのです。

デフレの時にTPPを進めるとデフレになるという懸念もあるが、関税引き下げは個別価格の話なので、インフレ、デフレとは直接関係はない。金融政策

注44　http://jp.reuters.com/article/topNews/idJPKCN0J92MQ20141126

とセットであれば、インフレ目標が物価水準を決める。

若田部氏は「物価水準は、インフレ目標と金融政策で決まっている」と言っていますが、これは岩田氏と同じ考えです。

しかし、すでに明らかにしたように、この考えは間違いです。したがって、量的緩和を追加しても、経済を立て直すことは無理です。

また、ＴＰＰへの参加を推奨する若田部氏は、「関税引き下げによる輸入価格引き下げは非常に良い効果を持つ」と述べています。

しかし、関税は国内産業の雇用を保護しているので、関税引き下げは雇用を奪うという悪い効果をもたらします。失業者が増えれば、需要はますます減り、デフレは悪化する。

他方で、関税引き下げによって、消費者は安い製品を買えるようになります。そうすると、浮いたお金を支出に回すから、消費需要は増えるはずだ。そのように主張する経済学者がいるのは事実です。若田部氏も、そう考えたのかもしれません。

しかし、デフレというのは貨幣価値が上昇していくことですから、消費者はモノよりもカネを欲しがる。デフレの下では、消費者は、浮いたお金があっても、それを支出ではなく貯蓄に回してしまうのです。

こうして、貿易自由化で苦しくなる国内産業がある一方で、消費需要は増えない。これでは、デフレは悪化するだけでしょう。

しかし、若田部氏は、関税引き下げがデフレを悪化させるという説を否定します。関税引き下げは「個別価格」の低下であって、「一般物価」の低下であるデフレとは関係ないと言うのです。

ところが、その一方で、若田部氏は、同じインタビュー記事の中で「日銀の物価目標をコアコアCPIに変更すれば、物価が原油市況に左右される問題は解決できる」とも述べています。

ちなみに、「コアコアCPI」とは、消費者物価指数（CPI）から価格変動の大きい食料品とエネルギーの価格を除いた指標のことです。

確かに若田部氏の提案通り、コアコアCPIならば、物価が原油市況に左右される問題は解消されます。

しかし、「物価が原油市況に左右される」ということは、原油価格という「個別価格」が「一般物価」を左右するということではないのでしょうか。

つまり、個別価格の上下がインフレやデフレと関係があることを、若田部氏は暗に認めているのです。

そうであるならば、関税引き下げによる個別価格の低下がデフレの圧力になり得ることも認めるべきでしょう。

円安の効果？

日銀の大規模な量的緩和には、確かに円安を進行させるという効果がありました。しかし、当時、その円安が輸入品の価格上昇という副作用をもたらしたという批判もされていました。

第一章で述べたように、輸入品の価格が上昇すると、国産品の需要が伸びるので、デフレ脱却に貢献するというメリットがあります。しかし、その一方で、原油や大豆のように、輸入が大半を占める財の価格が上昇するならば、それは家計や企業を圧迫するだけの「悪いインフレ」です。

円安を批判する議論は、後者の「悪いインフレ」の側面について向けられたものでしょう。

さて、この円安批判に対し、若田部氏は「内閣府のモデルでも10％の円安が実質経済成長率を０・４％押し上げる。マクロで考えると円安の副作用はあまり気にしなくて良い」と述べています。

しかし、その内閣府のモデルというのは、消費税を１％増税しても、１年目で実質経済成長率を０・15％（2年目は０・35％）しか押し下げないと試算していた代物でした。[注45]

内閣府のモデルが正しければ、２０１４年４月の消費増税の悪影響も、円安によって相殺できたはずでしょう。しかし、現実は、そうはならなかった。

注45 http://www.esri.go.jp/jp/archive/e_dis/e_dis259/e_dis259a.pdf

こんなに現実から乖離した内閣府のモデルなどを根拠に「円安の副作用を心配するな」と言われても、説得力がありません。

奇妙なことに、若田部氏は、消費増税の悪影響を指摘しながら、その悪影響を過小評価した内閣府のモデルを根拠にして、円安の副作用を評価しているのです。

もっとも、円安が、輸出産業には有利に働くというのは事実です。若田部氏も、「ドル円120円程度で安定的に推移すると、多くの製造業で国内生産が好採算となるなど大きな変化がおきる」としています。

しかし、円安によって多くの製造業が好採算となったとしても、それが投資、賃上げ、雇用の増大に結びつくとは限りません。デフレの下では、企業もまた、支出を減らし、貯蓄を増やそうとするからです。そして、事実、そうなっています。

さて、自らの理論の正しさを証明できずに日銀を去った岩田氏でしたが、その後を継いで日銀副総裁の座におさまった若田部氏もまた、岩田氏と同じくらい間違った経済理論の持ち主であるように思えてなりません。

第十二章 変節を繰り返す経済学者

状況が変わった？

イェール大学名誉教授浜田宏一氏は、２０１２年12月から内閣官房参与に就任し、第二次安倍政権の経済政策（いわゆる「アベノミクス」）の理論的支柱と目されてきた人物です。

その浜田氏が、２０１６年11月15日付の日本経済新聞にて「学者として以前言っていたことと考えが変わったことは認めなければならない」という衝撃的な告白をしました。

続いて『文藝春秋』（２０１７年１月号）では、「『アベノミクス』私は考え直した」と題する論文で、その経緯と理由を説明しています。

論文の冒頭で、浜田氏は、かの偉大な経済学者ジョン・メイナード・ケインズが言ったとされる言葉を引用しています。

「僕は、状況が変われば意見を変える。君はそうしない？」

自分が考えを改めたのは状況の変化に応じてのことだ。したがって非難されるようないわれはない。浜田氏は、そう言いたいのです。

しかし、浜田氏はケインズと違って、状況が変わったから意見を変えたのではありません。その逆に、状況が変わらなかったから意見を変えたのです。

具体的に説明しましょう。

従来の浜田氏は、こう考えていたそうです。

「『デフレはもっぱら貨幣的現象であり、金融政策によって影響できる』と説明してきましたし、アベノミクス発足当初は、金融政策という〝薬〟だけで日本経済は立ち直ると思っていました」

この理論の基礎にある思想は「マネタリズム」、浜田氏自身の説明によれば「シカゴ大学教授のミルトン・フリードマンによる〈物価を左右するのは、もっぱら貨幣供給量である〉という理論で、つまり市場の通貨供給量を増やせば（インフレを※引用者注）起こすことが出来るという考え方です」。この貨幣理論は「貨幣数量説」という名でも知られています。

ところが、この貨幣数量説こそが、浜田氏が冒頭に引用したケインズが全力で否定しようとした理論だったのです。

今から80年以上も前に、ケインズは、こう書いていました。

私がその影響を恐れるいまひとつの誤謬は、貨幣数量説として知られる粗雑な経済理論から生じるものである。もし貨幣量が厳格に固定されるならば、生産と所得の増加は、遅かれ早かれ、阻止されるだろう。これを理由に、生産や雇用の増加は、貨幣量の増加によって生じると推論する論者もいる。しかし、これでは、長いベルトを買うことによって太ろうとするようなものであり、今日の米国の場合は、胴囲に比べるとベルトは十分に長い。単なる制約要因のひとつにすぎない貨幣量を、主たる要因である支出よりも強調することは、最大の誤りである。[注46]

「長いベルトを買うことによって太ろうとする」というのは、「紐では押せない」という格言と同じですね。金融政策にはインフレ退治の効果はあっても、デフレ退治の効果は乏しいということです。

どうやら浜田氏は、ケインズによって「最大の誤り」とされた政策を、内閣官房参与として総理に助言したということになります。

しかし、そんな浜田氏も、今では、金融政策だけではデフレ脱却は困難であり、財政拡張政策の併用が不可欠であるというように考えを変えたと告白しています。

では、浜田氏は、なぜ意見を変えたのでしょうか。

浜田氏の告白によれば、2015年末以降、これまで自分が信じてきた金融政策の効果を弱めるような現象が三つ発生したそうです。

その第一は、量的緩和の効果に翳りが出てきたことです。

浜田氏は説明します。「これはケインズ経済学で『流動性の罠』と呼ばれる現象です。金利がゼロ近くまで下落すると投機的需要が無限に大きくなり、金融緩和の効果が無くなる、というわけです」

しかし、浜田氏が内閣官房参与に着任する以前から、すでに**日本は「流動性の罠」に落ちるのに十分な超低金利状態**にありました。

例えば、白川方明・日銀総裁（当時）は、2012年2月17日の講演で、こう述べていました。

一方で、日本銀行のバランスシートや、中央銀行の供給するお金であるマネタリーベースなどの量的指標は、リーマン・ショック以降の局面でみると米欧に比べれば拡大が緩やかであるため、日本銀行の金融緩和は不十分ではないか、

注46　J・M・ケインズ『デフレ不況をいかに克服するか：ケインズ1930年代評論集』文春学藝ライブラリー、2013年p.102

との誤解を受けることがあります。そもそも、金利がきわめて低い水準まで低下すると、人々がお金を抱え込む傾向が強まります。すなわち「流動性の罠」と呼ばれる状態です。そうなると、金融の量的な指標では金融の緩和度を測ることはできなくなります。注47

当時の白川氏は、日銀が量的緩和に踏み切らなかったことで批判をされていました。

この批判に対し、白川氏は、「日本は『流動性の罠』に落ちているので量的緩和の効果は期待できない」と反論していました。この反論は正しかったというわけです。

ところが、当時の浜田氏は、この白川批判の先頭に立っていました。それどころか、白川氏宛ての公開書簡まで披露していたのです。そこには、次のような辛辣な批判まで書かれていました。

いま起こっている疑問は、「貴兄のように明晰きわまりない頭脳が、どうして『日銀流理論』と呼ばれる理論に帰依してしまったのだろう」ということです。

いわゆる「日銀流理論」と、世界に通用する本書に書いたような一般的な金融論、マクロ経済政策の理論との間には、依然として大きな溝があります。[注48]

結局、白川氏は、安倍政権が成立し、浜田氏が内閣官房参与に就任して間もなく、5年の任期を待たずして日銀総裁の職を退く羽目になりました。そして白川氏に代わった黒田東彦総裁は、2013年4月、前年比2％というインフレ目標を掲げ、大規模な量的緩和政策を打ち出したのです。

注47　http://www.toyokeizai.net/shop/etc/legend_letter.html

注48　http://www.toyokeizai.net/shop/etc/legend_letter.html
本書とは、浜田宏一・若田部昌澄・勝間和代『伝説の教授に学べ！　本当の経済学がわかる本』東洋経済新報社、2010年刊のこと。

「世界に通用する」という浜田氏の理論の実験が始まりました。

その結果、2016年11月時点までに、量的緩和により積み上がったマネタリー・ベースは平均残高が417・7兆円と、2013年3月と比較して、約283兆円も増加しました。

しかし、同月のコアCPI（日本のインフレ率の指標）はマイナス0・4％と、依然としてデフレのままでした。

この結果を見て、浜田氏は、「私は考え直した」と言い出したというわけです。

もちろん誰でも間違えることはありますよ。間違いを認め、改めることはいいことです。とはいえ、白川氏に対する公開書簡での糾弾は、あまりにひどかった。

考え直すのは結構ですが、その前に、浜田氏は、白川氏に一言謝ったのでしょうか？[注49]

さて、『『アベノミクス』私は考え直した』に戻ります。

浜田氏が意見を変えた理由の二つ目は、円安の限界が明らかになったことだそうです。「経済学の原則では、（日本が）低金利の時は、円安になるとされています」。

浜田氏は、金融緩和による円安が輸出を伸ばすことに期待をしていました。[注50]

ところが、ドナルド・トランプ氏が大統領に当選するまでの1年間は、日本の金利の低下にもかかわらず、円安にならなくなった。だから、浜田氏は考え直したというのです。

しかし、そもそも、円安を誘導して外需を獲得するという政策は、他国の需要を自国が収奪する「近隣窮乏化政策」であり、御法度です。「近隣窮乏化政策」はやるべきではないというのは、それこそ、「世界に通用する」話でしょう。その御法度の「近隣窮乏化政策」を、浜田参与は総理に助言していたのです。

また、浜田氏は、過去1年間は円安を誘導できなくなったと述べていますが、実は、それ以前に円安誘導に成功していた時ですらも、輸出数量は伸び悩んでいまし

注49 ただし、白川氏は、日本の財政状態については、その悪化に警告を発する議論は「オオカミ少年」であるとは思えないと述べています。白川氏によれば、日本政府に財政健全化に向けた意思と能力があると信認されているうちはいいが、もし、何らかの出来事が起きて、その信認が失われると長期金利は急騰するというのです（白川方明『中央銀行：セントラルバンカーの経験した39年』東洋経済新報社、２０１８年pp.473-5）しかし、第八章でも説明した通り、この見解は間違いです。

注50 http://jp.reuters.com/article/l4n0j01n6-hamada-iwata-boj-idJPTYE9AE06J20131115

た。

要するに、円安誘導で外需を獲得するという禁じ手をやって、しかも、その外需の獲得に失敗したという次第で、浜田氏は二重に間違ってしまったわけです。

浜田氏が考え直した理由の三つ目は「日銀が一六年一月に導入したマイナス金利政策の効果が出ていないことです」。

黒田総裁率いる日銀は、量的緩和が効果を上げないことに業を煮やして、マイナス金利政策（民間銀行の日銀当座預金の一部に、マイナスの金利を課す政策）を導入しました。[注51] これで、民間銀行の積極的な貸出しを後押ししようというのですが、それも、効果が上がらなかった。

ですが、そんなことは、先ほどの「流動性の罠」を踏まえていれば、分かり切ったことでした。デフレで需要がない時は、需要を創出する以外、どうやったって貸出しは増えないのです。

しかも、マイナス金利政策の影響は、単なる無効では済まされません。

なぜなら、**マイナス金利は金融機関の収益を圧迫するものです。それは、インフ**

レ誘導どころか、デフレ圧力となり得る危険な政策なのです。

このマイナス金利政策の弊害については、浜田氏も気づいているようで、「銀行に対する被害が拡大するので、銀行が神経質になる理由も分かります」と一定の理解を示しています。

ところが、浜田氏は続けて、次のようなことを述べるのです。

ただ、銀行は、現在も過去の預け金に対してプラス0・1%の利子を受け取っているので、私には、彼らの苦情は大げさで、被保護企業が「補助金が少なくなった」と嘆いている様子に似ているようにも見えます。

これは、ひどい言いがかりです。

確かに日銀は、銀行の保有する日銀当座預金に0・1%の利息を付しています。

注51　2016年のマイナス金利の導入以降、日銀は日銀当座預金の付利を3パターンに分けています。プラス金利適用残高、ゼロ金利適用残高およびマイナス金利適用残高です。

しかし、この利息は、日銀が銀行を保護するために与えている補助金とはまったく性格が違います。

ジャネット・イエレンFRB（米連邦準備制度理事会）議長（当時）が説明するように、中央銀行が銀行から国債を買い入れるということは、銀行が国債の利息収入を失うということですから、補償措置として超過準備に利息を付すのは、むしろ当然なのです。[注52]

もし日銀当座預金への利息をやめたら、日銀は、浜田氏が推奨する量的緩和を実施できなくなってしまうでしょう。

あまりに時代遅れの理論

「『アベノミクス』私は考え直した」によれば、浜田氏は、2016年8月の「ジャクソンホール会議」におけるクリストファー・シムズ氏（プリンストン大学教授）の基調講演を読んで、財政政策の必要性に思い至ったと述べています。

私はシムズ氏の論文を読み、衝撃を受けました。「金融政策はなぜ効かないのか」という問いに、明快な答えを与えていたからです。シムズ氏は「金融政策が効かない原因は『財政』にある」というのです。

シムズ氏は、金融緩和が有効であることを認めたうえで、「より強い効果を出すためには、減税など財政拡大と組み合わせよ」と提唱しています。従来の経済学では、財政規律が緩むと、過度なインフレを招くうえに財政赤字はかさみ、経済にダメージを与えることが強調されていました。しかし、シムズ氏は意図的に「赤字があっても、財政を拡大するべき（時もある）」と主張します。これは斬新なアイデアでした。

しかし、シムズ氏は、この「斬新なアイデア」を２０１６年8月になって初めて

注52 https://www.bloomberg.com/news/articles/2016-02-10/this-is-why-the-fed-is-paying-interest-to-big-banks

披露したわけではありませんでした。浜田氏が白川氏に失礼な公開書簡を送りつけていた2010年には、シムズ氏はすでに同様の議論を展開していたのです。[注53]なお、その翌年、シムズ氏はノーベル経済学賞を受賞しています。

しかも、財政政策の必要性を説くのは、シムズ氏だけではありません。2008年のリーマン・ショックを契機として、ジョセフ・スティグリッツ氏、ポール・クルーグマン氏、ローレンス・サマーズ氏、クリスティーナ・ローマー氏など影響力のある経済学者たちが、次々と、財政拡張政策の必要性を力説するようになっていました。

この時代背景について、少し説明しておきましょう。

2000年代初頭、FRBの理事（当時）であったベン・バーナンキ氏は、1990年代以降の日本が長期停滞に陥ったのは、日銀が金融緩和によってデフレから速やかに脱却しようとしないからだと論じ、日銀を激しく批判しました。

また、バーナンキ氏は、金利がゼロに達しても、量的緩和によってデフレを解決できると論じてもいました。当時は、これが浜田氏の言うところの「世界に通用する」理論だったのかもしれません。実際、浜田氏は、「流動性の罠」によって金融

政策が無効になるという議論について、バーナンキ氏の説を引用しつつ、反論していました。[注54]

さて、そのバーナンキ氏は、FRB議長として世界金融危機に直面すると、かねてよりの自説である大規模な量的緩和を断行しました。バーナンキ氏の量的緩和政策は、金融危機の悪化を防ぐ効果は確かにありました。しかし、物価を上昇させることには失敗しました。

また、2000年代前半のアメリカの住宅バブルの崩壊が世界金融危機を引き起こしたことから、住宅バブルを放置したFRBの政策運営にも批判が向けられるようになりました。

要するに、**金融政策だけではうまくいかないということは、2009年頃には、すっかり明らかになっていた**のです。こうしたことから、アメリカの著名な経済学者たちは、金融政策偏重の理論を反省し、財政出動の必要性を唱えるようになった

注53 http://www.princeton.edu/ceps/workingpapers/201sims.pdf
注54 http://diamond.jp/articles/-/30804?page=4

のです。

ところが、浜田氏が、この間違いと判明した理論を「世界に通用する一般的な金融論、マクロ経済政策の理論」と呼んで、日銀総裁の白川氏を公開書簡で糾弾したのは２０１０年のことでした。そして、２０１２年12月、浜田氏が内閣官房参与に就任し、この間違った理論に基づいた経済運営が始まってしまったのです。

「『アベノミクス』私は考え直した」によれば、内閣官房参与着任時の２０１２年末時点で、浜田氏は、次のような認識を抱いていたといいます。

マクロ経済政策には金融施策と財政政策があります。アベノミクス以前、多くのエコノミストや経済学者は財政政策を重視し、金融政策の役割を無視していました。その中で、当時学習院大学教授だった岩田規久男氏（日本銀行副総裁）は、ほとんど孤軍奮闘で金融政策の必要性を説いていました。

これもまた、甚《はなは》だしい時代錯誤と言わざるを得ません。

というのも、遅くとも1990年代後半には、経済学者のみならず、政治家、官僚あるいはマスメディアの間でも、財政政策はもはや無効であるという（誤った）認識が常識になっていたからです。だから、1990年代後半から、公共投資の削減や抑制が続けられてきたのです。

岩田規久男氏が際立って量的緩和の必要性を説いていたというのは、事実です。しかし、金融政策の役割が無視されていたというのは言い過ぎでしょう。

実際、1990年代後半以降、日銀は金利を引き下げており、2001年からは量的緩和政策を実施し、それを06年まで続けていました。もちろん、デフレ脱却はかないませんでした。

要するに、**「金融政策という〝薬〟だけ」で経済を立て直すという実験は、日本でもアメリカでも、すでに失敗という結果が出ていたのです。**

にもかかわらず、その虚しい実験が、第二次安倍政権の下で繰り返されることとなってしまいました。そして、またしても失敗したのです。

遅きに失したとはいえ、浜田氏が考え直して、財政政策の必要性に気づいたのはいいことではあります。

しかし、浜田氏は、以前から、意見がころころ変わる人でした。

例えば、消費増税について、浜田氏は、2013年11月時点においては「私は他の（内閣官房）参与ほど心配していない」と発言していました。[注55]

ところが、いよいよ消費増税の3日前になると、「将来が分かって、実質成長がこのくらいになると分かっていたら、もう少し慎重論を強く言うべきだったかもしれません」と発言したのです。[注56]

さらに驚くべきことに、浜田氏は『アベノミクス』私は考え直した」を書いた1年後、またしても考え直しました。しかも、間違ったほうにです。

「『アベノミクス』私は考え直した」において、浜田氏は、クリストファー・シムズ氏の論文に衝撃を受けて、金融政策の限界と財政赤字の拡大の必要性に気づいたはずでした。

そのシムズ氏は、日本の消費税の増税について、当然のことながら、否定的でした。[注57]

シムズ氏の影響で考え直したのですから、浜田氏もまた、消費増税には反対しそうなものです。浜田氏が考え直した後もなお、安倍政権は財政赤字を拡大させておらず、デフレ脱却も成し遂げていないのですから、なおさらでしょう。

ところが、浜田氏は、２０１９年2月のインタビューで、消費税率の10%への引き上げについて、「現在の良好な雇用環境の中で消費税が上げられないのであれば、どんな状況でも上げられない。一度は良いかもしれない」などと言い出したのです。

さらに、2%のインフレ目標については「絶対に必要というものではない」と述べてしまう一方で、雇用情勢が変調を来した場合について問われると「もっと金融で需要をつけないといけない」などと、かつての金融政策偏重に戻ってしまいました。[注58]

このように浜田氏は、金融政策だけでなく、消費増税についても、ぶれにぶれました。もう訳が分かりません。

注55 http://jp.reuters.com/article/vcJPboj/idJPTYE9AE06J20131115
注56 http://news.tv-asahi.co.jp/news_international/articles/000024085.html
注57 https://www.sankeibiz.jp/macro/news/170202/mca1702020500001-n1.htm
注58 https://jp.reuters.com/article/interview-hamada-idJPKCN1QE02R

このような人物がイェール大学経済学部名誉教授にして内閣官房参与だというのです。経済の専門家ではない政治家や一般国民からしたら、もはや誰を信用したらよいのか分からないという気持ちでしょう。

正論は負ける！

それにしても、金融政策をめぐる一連のゴタゴタは、やり切れないですね。

白川方明氏は「需要不足の状態では金融政策によって物価を上昇させることは難しい」と正しいことを主張していました。

その白川氏を浜田氏や岩田規久男氏は激しく批判し、デフレの責任を白川氏に負わせました。

その結果、白川氏は、任期を待たずして、日銀総裁の地位から降りることとなってしまいました。

他方、日銀副総裁となった岩田氏は「インフレ目標の達成に失敗したら、責任をとって辞職する」と言っていたのに責任をとらず、その任期をまっとうしました。

そして、その岩田氏の後任には、岩田氏と同様、「インフレ目標と金融政策で物価水準は決まる」と主張していた若田部昌澄氏が就任しました。

内閣官房参与の浜田氏は、後になって間違いを認め考え直しましたが、何の責任もとっていません。白川氏に謝罪したという話も聞かない。そして、その後、また間違いを犯している。

どうやら、この国では、正しい主張をした人間は追い落とされるのに、間違った政策を行った人間の責任は問われないようです。

これでは、日本経済が凋落しても、何の不思議もないですね。

とまあ、落ち込んでいても仕方がありません。

気を取り直して、先に進みましょう。

第十三章 間違いを直せない経済学者

ノーベル経済学賞受賞者の批判

前章までの議論で、日本の経済学者たちが、どれだけ間違ったことを言ってきたかを検証してきました。間違っていただけではなく、支離滅裂なことを平気で言い散らかしていました。

彼らが専門とする「経済学」とは、いったい、どんな学問なのか？　そのような疑問が生じても当然だと思います。

もっとも、世間一般には、経済学という社会科学は、政治学や社会学と比べても、より科学的で体系的な学問であるかのようなイメージがあります。

例えば、社会科学の中でノーベル賞があるのは、経済学だけです。と言いたいところですが、実は、ノーベル賞が贈られる部門は、物理学、化学、医学生理学、文学、平和の5つであって、経済学はありません。

あの**「ノーベル経済学賞」と呼ばれている賞は、実は、ノーベル賞ではない**のです。

ノーベル賞財団のホームページにも、次のように書かれています。

ノーベル経済学賞は、ノーベル賞ではありません。1968年、スウェーデン国立銀行が「アルフレッド・ノーベル記念経済学スウェーデン国立銀行賞」を設立し、それ以来、1901年のノーベル賞と同じ原則に従って、スウェーデン王立科学アカデミーによって表彰されているものです。[注59]

注59 http://www.nobelprize.org/nomination/economic-sciences/

経済学という学問に、何やら、うさん臭さが漂い始めましたね。

それはともかく、2018年、ノーベル経済学賞を受賞したのは、ポール・ローマーという経済学者でした。経済成長理論の発展に大きく貢献したという功績が認められての受賞でした。

ところが、皮肉なことに、そのローマー氏は、受賞の2年前の講演の中で、**マクロ経済学は、過去30年以上にわたって進歩するどころか、むしろ退歩した**と断じ、経済学に対する辛辣な批判を展開していたのでした。[注60,61,62]

しかも、このように経済学のあり方を批判した大物経済学者は、ローマー氏だけではありませんでした。

2008年にノーベル経済学賞を受賞したポール・クルーグマン氏もまた、その受賞の翌年、過去30年間のマクロ経済学の大部分は、「良くて華々しく役に立たなく、悪くて全く有害」とこき下ろしました。[注63]

また、2011年、元米財務長官で大統領首席経済顧問やハーバード大学学長を歴任したローレンス・サマーズ氏が、主流派経済学の理論モデルに基づく論文は、政策担当者にとっては本質的に無益であったと告白しています。[注64]

主流派経済学が有害無益だという批判は、これまでにも数多くなされてきました。

もっとも、従来の主流派経済学批判の多くは、もっぱら経済学以外の分野からか、あるいは、マルクス主義、歴史学派、制度学派あるいはポスト・ケインズ派といった、主流派から外れた異端派経済学から向けられてきたものでした（ちなみに私の見解は、歴史学派、制度学派、ポスト・ケインズ派に多くを負っています）。

しかし、クルーグマン、サマーズ、ローマーの各氏は、異端派どころか、主流派であり、しかもかなりの大物の経済学者です。

そんな彼らが、主流派経済学を批判し始めたのです。

主流派経済学の自己批判が始まった理由は、２００８年の世界金融危機の勃発にありました。

注60 Paul Romer, 'The Trouble With Macroeconomics,' delivered January 5, 2016 as the Commons Memorial Lecture of the Omicron Delta Epsilon Society.

注61 https://paulromer.net/trouble-with-macroeconomics-update/

注62 https://www.bloomberg.co.jp/news/articles/2018-10-09/PGB4YH6KLVR401

注63 https://www.economist.com/leaders/2009/07/16/what-went-wrong-with-economics

注64 http://www.economist.com/blogs/freeexchange/2011/04/economics_0

エリザベス女王の疑問

世界金融危機の勃発から間もない2008年11月、イギリスのエリザベス女王は、居並ぶ経済学の世界的権威たちに「なぜ誰も危機が来ることを分からなかったのでしょうか」と尋ね、彼らを絶句させたという事件がありました。

これは、「社会科学の女王」を自認する経済学の権威が、本物の女王によって失墜させられた瞬間でした。

なぜ、経済学者は、世界金融危機が来ることが分からなかったのか。

この女王陛下のご下問に、お答えすることといたしましょう。

そもそも、主流派経済学の理論は「一般均衡理論」をベースとしています。

「一般均衡理論」とは、簡単に言えば、経済全体における市場の需要と供給が、価格メカニズムを通じて、常に一致するという理論です。

この理論は、生産物は常に他の生産物と交換できる、言い換えれば**「供給は、常に需要を生み出す」**という法則を前提としています。この法則を**「セーの法則」**といいます。

もちろん、現実の世界では、供給は常に需要を生み出すなどということはあり得ません。モノを作って売りに出したら、必ず誰かが買うなどということがあるはずがない。**「セーの法則」など、現実には存在しない**のです。

ですが、「一般均衡理論」は、現実を無視して、「セーの法則」は成り立つという「前提」を置いてしまうのです。

１９８０年代以降、主流派経済学の世界では、この「一般均衡理論」を基礎としたマクロ経済理論を構築しようとする試みが流行しました。経済全体を扱うマクロ経済学も、「一般均衡理論」で全部説明してしまおうというのです。

この試みは**「マクロ経済学のミクロ的基礎づけ」**と呼ばれています。これは、簡単に言えば、経済全体（マクロ）に生じるあらゆる現象を個人（ミクロ）の合理的行動から説明するという考え方です。世の中に起こることはすべて個人の合理的選択の結果でありますから、現状に不満を持つ人など一人もいないという結論になります。

この「マクロ経済学のミクロ的基礎づけ」の挑戦から、ＲＢＣモデル（実物的景気循環モデル）、さらにはＤＳＧＥモデル（動学的確率的一般均衡モデル）という理論モデルが開発され、１９９０年代以降のマクロ経済学界を席巻することとなりました。

ＤＳＧＥモデルは、小難しい数学を駆使した理論モデルで、いかにも科学的な装いをします。

しかし、問題は、この理論モデルの基礎にあるのが「一般均衡理論」だということです。

一般均衡理論は、「供給は、常に需要を生み出す」という「セーの法則」を前提としています。だから、需要と供給は常に一致するのです。

しかし、需要と供給が常に一致するということは、要するに、生産物と生産物との交換が一瞬で成立する「物々交換」が行われているということなのです。

一般均衡理論が想定する世界とは、物々交換の世界、つまり貨幣のない世界なのです！

より正確に言えば、「信用貨幣」のない世界です。

第五章において説明した通り、モノとモノとの取引が同時に行われる「物々交換」では、負債は発生しません。負債がないということは、「貨幣」もないということなのです。

主流派経済学の理論モデルには、それがどんなに精緻な数式で埋め尽くされていようが、「信用貨幣」が組み込まれていません。

経済学とは貨幣に関する理論だと思い込んでいる人々は、主流派経済学の理論モデルに正しい貨幣の概念が組み込まれていないと聞いて、耳を疑うことでしょう。しかし、これは、一般均衡理論の中心的な理論家の一人であるフランク・H・ハーンですら認めている事実なのです。[注65]

主流派経済学の理論モデルは、信用貨幣を想定していないのだから、当然、銀行制度も想定していません。

注65 Frank H. Hahn, 'On Monetary Theory,' Economic Journal, 98(4) December, 1998, pp.957-73

銀行が想定されていない理論モデルが、金融危機を想定できるわけがないでしょう。

もっと言えば、そのような非現実的な経済理論が経済政策に影響を及ぼしていたことこそが、金融危機を引き起こしたとすら言えるでしょう。そのことを指して、クルーグマン氏らは、主流派経済学の理論モデルを「有害無益」と批判したのです。

そして、ポール・ローマー氏が、過去30年間で経済学が退歩したと述べた際に念頭にあったのも、ＤＳＧＥモデルに代表される「マクロ経済学のミクロ的基礎づけ」の非現実性だったのです。

ローマー氏が主流派経済学を激しく糾弾する講演を行ったのは、２０１６年です。このことからも分かるように、世界金融危機の勃発にもかかわらず、主流派経済学のあり方には、それほど大きな改善が見られなかったようです。

なぜ、インフレ対策しか出てこないのか

第二章で、日本は「需要不足／供給過剰」のデフレなのに、生産性の向上や競争

力の強化といった供給力を強めるインフレ対策ばかりしてきたことを明らかにしました。

この間違いは、主流派経済学の「一般均衡理論」とも関係しています。

まず、すでに述べたように、「一般均衡理論」には、そもそも、正しい貨幣（信用貨幣）の概念がないので、主流派経済学者は、デフレという貨幣にまつわる現象も正しく理解することができません。

それから、「一般均衡理論」は、「供給は、常に需要を生み出す」というセーの法則を前提としています。

供給が、常に需要を生み出すというのなら、「供給過剰／需要不足」などという現象が生じるはずはないということになります。どれだけ供給が増えても、供給に伴う需要が必ず生じるからです。つまり、モノの供給が過剰になれば、そのモノの価格が下がるから、需要が増えると想定しているのです。

もし、いくら供給を増やしても、それに合う需要が生じるというならば、経済を成長させるためには、供給力を強化しさえすればよいということになります。だから、主流派経済学者は、生産性の向上や国際競争力の強化といった供給力を強化する対策のことしか言わないのです。

他方、セーの法則が成立する世界では、政府が財政支出を拡大して、需要を創出するなどということは不必要だということになります。それにもかかわらず、政府が財政支出を拡大すると、需要が過剰になって、いたずらに物価が上昇してインフレになってしまう。「そんなインフレは、嫌だ！」とまあ、こういう話なのです。

主流派経済学者が、財政支出の拡大を忌み嫌い、財政健全化に固執しているのは、その発想の根底に、「供給は、常に需要を生み出す」というセーの法則が成り立つ「一般均衡理論」があるからなのです。

しかし、現実の世界では、「供給過剰／需要不足」ということは起こり得ます。セーの法則など、成り立たないのです。もしセーの法則が成り立つならば、労働者の供給過剰ということもあり得ないでしょうから、失業者など存在しないということになるはずでしょう。

いくら主流派経済学者の意見に従っても、日本経済が停滞から抜け出せない理由が、これでお分かりになったのではないでしょうか。

経済学者たちの閉鎖的な内輪意識

それにしても、なぜ主流派の経済学者たちは、自分たちの間違いを直そうとはしないのでしょうか。

科学の世界では、事実によって否定された理論は、捨てられるはずです。ところが、主流派経済学の世界では、そうはなっていないようです。それは、どうしてなのでしょうか。

ポール・ローマー氏によれば、主流派の経済学者たちには、次の七つの特徴が当てはまるそうです（出典は注58と同じ）。

①途方もない自信
②異常なほど一枚岩となった共同体
③宗教団体か政党のような、同じグループの仲間との一体感
④他分野の専門家から隔絶された強烈な内輪意識
⑤他のグループの専門家の思想、意見、業績についての無視と無関心

⑥証拠を楽観的に解釈し、結果に対する大仰あるいは不完全な言明を信じ、理論が間違っているかもしれないという可能性を無視する傾向
⑦研究プログラムに伴うはずのリスクの程度に対する評価の欠如

このうち、特に⑥については、前章までの議論で、嫌というほど見せつけられてきたと思います。

経済学者たちは、消費増税が経済に与える影響についても、常に楽観的に解釈してきました。そして、財政破綻論が間違っているかもしれないという可能性を20年以上も無視し続けてきたのです。

また、「③宗教団体か政党のような、同じグループの仲間との一体感」や「④他分野の専門家から隔絶された強烈な内輪意識」については、『21世紀の資本』を著したトマ・ピケティ氏もまた、こう批判しています。

率直に言わせてもらうと、経済学という学問分野は、まだ数学だの、純粋理論的でしばしばきわめてイデオロギー偏向を伴った憶測だのに対するガキっぽ

い情熱を克服できておらず、そのために歴史研究や他の社会科学との共同作業が犠牲になっている。経済学者たちはあまりにしばしば、自分たちの内輪でしか興味を持たれないような、どうでもいい数学問題にばかり没頭している。この数学への偏執狂ぶりは、科学っぽく見せるにはお手軽な方法だが、それをいいことに、私たちの住む世界が投げかけるはるかに複雑な問題には答えずにすませているのだ。[注66]

ピケティの言う「数学への偏執狂ぶり」とは、ＤＳＧＥモデルのような「ミクロ的基礎づけ」の理論への固執のことも含まれるでしょう。そうした「ミクロ的基礎づけ」の理論を共有していることが、経済学者たちの強固な内輪意識の源となっているのです。

その一例を示しておきましょう。

注66　トマ・ピケティ『21世紀の資本』みすず書房、２０１４年pp.34-5

慶應義塾大学教授の土居丈朗氏は、２０１６年の米国経済学会において、財政出動の是非をめぐる経済学者たちの論争を聴いた際の感想を、こう述べています。ちなみに土居氏は、熱心な財政健全化論者です。

> この議論を拝聴して、意見の相違は残ったままだったが、建設的で示唆深い議論にすがすがしさを感じた。パネリストは皆、大学院で教育を受けて経済学の博士号を持つ共通の学問的裏付けがあり、ミクロ経済学やマクロ経済学という演繹法的な基礎理論に基づく点で共通している。演繹法的な立論であるため、まったく同じ理論に基づいていても、現状認識や前提条件が異なれば、結論が異なりうるという議論の大原則がある[注67]（傍点筆者）。

土居氏は、米国経済学会における論争に「すがすがしさを感じた」理由として、パネリストたちが皆「経済学の博士号」を持っており、その議論が「演繹的な基礎理論」に基づいているからだと述べています。

その「演繹的な基礎理論」とは、「マクロ経済学のミクロ的基礎づけ」のある理論のことです。

土居氏が聴いた米国経済学会での論争とは、「経済学の博士号」を持ち、「マクロ経済学のミクロ的基礎づけ」を共有する経済学者たちの「異常なほど一枚岩となった共同体」の内輪での論争だということです。

土居氏は「まったく同じ理論に基づいていても、現状認識や前提条件が異なれば、結論が異なりうるという議論の大原則がある」と述べていますが、これは、次のような意味です。

「一般均衡理論」を基礎とした議論であっても、この理論モデルに何らかの制約条件を仮定すれば、当然ですが、出てくる結論は変わります。

「一般均衡理論」では、価格メカニズムによって需要と供給は常に一致することになっています。例えば、労働者の需要と供給においても、賃金が需給を調整するので、理論モデル上、失業者は存在しません。したがって、政府が経済に介入する余

注67　https://toyokeizai.net/articles/-/100005?page=3

地はない。

しかし、ここで理論モデルに「賃金が一定水準以下には下がらない」という制約条件を置けば、需要と供給が一致せず、失業者が生じます。この場合は、失業を解消するための何らかの経済政策が正当化されます。制約条件の設定の仕方によっては、財政出動すら、正当化できるのです。

これが、「まったく同じ理論に基づいていても、現状認識や前提条件が異なれば、結論が異なりうる」ということの意味です。

ちなみに、前章で述べたように、浜田宏一氏が財政出動の必要性を認めるように考え直したきっかけは、クリストファー・シムズ氏の理論でした。おそらく、このシムズ氏の理論というのもまた、主流派経済学の理論モデルに、従来とは異なる政府行動に関する仮定や制約条件を置いて、財政政策の有効性を結論したものなのでしょう。だから、浜田氏は、納得することができたのでしょう。

しかし、どんな制約条件をつけて理論モデルを操作したところで、そもそも、その理論モデルの中核にあるのは、正しい貨幣概念を欠いた「一般均衡理論」です。

そんな非現実的な理論をいじくり回して結論を変えて、論争したところで、しょせんは、貨幣を正しく理解していない経済学者同士の論争にすぎないでしょう。現実の経済とは何の関係もない論争です。

ところが、そんな虚しい論争に、土居氏は「すがすがしさを感じた」というのです。

なぜでしょうか？

それは、土居氏自身が、この非現実的な理論を共有する閉鎖的な経済学者たちから成る「異常なほど一枚岩となった共同体」の一員だからにほかなりません。「宗教団体か政党のような、同じグループの仲間との一体感」に酔いしれているだけなのです。

裏を返せば、「経済学の博士号」を持っていない者の議論や、「一般均衡理論」に基づいていない議論に対しては、土居氏をはじめとする主流派経済学者は、聴く耳をもたないだろうということです。ローマー氏が挙げた「他のグループの専門家の思想、意見、業績についての無視と無関心」ですね。

だから、仮に本書第一部のような議論について、主流派経済学者たちに尋ねたところで、誰も相手にはしてくれないでしょう。「一般均衡理論」を無視した議論だからです。

主流派経済学の理論を否定するような者は、「経済学を知らない素人」として扱われ、経済学や経済政策の議論の場から排除されてしまうのです。

しかし、それでは、主流派経済学の理論の間違いを修正することはできません。そんなことでは、科学は進歩しない。いや、もはや科学であるかすらも、怪しい。だから、ローマー氏は「経済学は、退歩した」と断じたわけです。

ノーベル賞には、本当は「経済学賞」がない理由も、これで分かったような気がしますね。

アメリカで脚光を浴びるMMT

ところで、2019年初頭のアメリカで、経済学をめぐって非常に興味深い論争が巻き起こりました。

第五章で紹介した「現代貨幣理論」が、アメリカでにわかに脚光を浴びたのです。

現代貨幣理論（Modern Monetary Theory）は、「MMT」という略称で呼ばれています。

火付け役となったのは、前年の中間選挙で当選し、民主党の最年少議員として注目されたアレクサンドリア・オカシオ＝コルテス下院議員が、MMTに言及したことでした。

バーニー・サンダース氏やオカシオコルテス氏などが属する民主党左派の陣営に、MMTの理論家であるステファニー・ケルトン氏がいたのです。

MMTは、本書の立場と同じように、「自国通貨を発行できる政府は、財政破綻を懸念する必要がない」と主張し、機能的財政論を支持し、健全財政論を否定します。それは、貨幣の考え方からして、主流派経済学とは180度も違うものです。言わば、天動説と地動説くらい、異なるのです。

もちろん、「地動説」（正しい説）はMMTのほうで、主流派経済学は「天動説」です。

さて、アメリカでMMTが話題になると、ポール・クルーグマン氏、ローレンス・サマーズ氏、ケネス・ロゴフ氏といった影響力のある主流派経済学者、ジェローム・パウエルFRB議長、あるいはラリー・フィンク氏やウォーレン・バフェット氏といった著名投資家など、そうそうたる面々がMMT批判を展開しました。

その言葉遣いも激しいもので、例えばクルーグマン氏は「支離滅裂」、サマーズ氏は「ブードゥー経済学」、ロゴフ氏は「ナンセンス」、フィンク氏にいたっては「クズ」と一蹴したのです。

日本でも、黒田日銀総裁が記者会見（2019年3月15日）においてMMTについて問われると、「必ずしも整合的に体系化された理論ではない」と述べた上で、否定的な見解を示しています。

しかし、MMTは、整合的に体系化された理論です。しかも、主流派経済学よりずっと正しい。黒田総裁がそれを「必ずしも整合的に体系化された理論ではない」と感じるのは、自分が信じる主流派経済学の理論とは違うからというにすぎません。

それにしても、ＭＭＴに向けられた批判の多くは、実に、ひどいものでした。

例えば、パウエルＦＲＢ議長は「自国通貨建てで借り入れができる国は財政赤字を心配しなくてよいという考え方は間違いだ」と断定し、黒田日銀総裁も「財政赤字や債務残高を考慮しないという考え方は、極端な主張」と述べています。サマーズ氏も、財政赤字は一定限度を超えるとハイパーインフレを招くとして、ＭＭＴを批判しています。[注68]

しかし、こうした批判は、批判の体すらなしていません。

なぜなら、ＭＭＴとは「財政赤字の大小はインフレ率で判断すべきだ」という考え方です。ハイパーインフレになっても財政赤字を心配しなくてよいという主張で

注68 https://www.nikkei.com/nkd/company/article/?DisplayType=2&n_cid=DSMMAA13&ng=DGKKZO42489020V10C19A3EA1000&scode=8301&ba=9
https://www.washingtonpost.com/opinions/the-lefts-embrace-of-modern-monetary-theory-is-a-recipe-for-disaster/2019/03/04/6ad88eec-3ea4-11e9-9361-301ffb5bd5e6_story.html?noredirect=on&utm_term=.1db7e5b9f649

はありません。

それどころか、ＭＭＴの論者たちは、インフレを抑制する政策についても、いろいろと提言しています。中でも特徴的なのは、「就労保障プログラム」あるいは「最後の雇い主」と呼ばれるアイディアです。

「就労保障プログラム」とは、簡単に言えば「公的部門が社会的に許容可能な最低賃金で、希望する労働者を雇用し、働く場を与える」という政策です。

就労保障プログラムは、不況時においては、失業者に雇用機会を与え、賃金の下落を阻止し、完全雇用を達成します。

反対に、好況時においては、民間企業は、就労保障プログラムから労働者を採用するので、インフレ圧力を緩和することができます。

就労保障プログラムは、景気の変動を緩和し、物価を安定させつつ、完全雇用を可能にするというアイディアなのです。

それにもかかわらず、主流派経済学者、政策当局者、あるいは経済アナリストたちの多くは「ＭＭＴは、財政赤字によるインフレのリスクを考慮しない極論だ」という批判を展開しています。

要するに、彼らは、批判の対象としているＭＭＴを理解していないのです。いや、そもそも、知ろうとすらしていない節すらあります。

なぜ、そのように不誠実な態度をとるのでしょうか。

その理由は、おそらく、ローマー氏が指摘した主流派経済学者の特徴である「④他分野の専門家から隔絶された強烈な内輪意識」や「⑤他のグループの専門家の思想、意見、業績についての無視と無関心」のせいだと思われます。

主流派経済学者や政策当局者たちは、ＭＭＴは主流派経済学界から外れた異端の理論なので、真面目に相手にするつもりがハナからないのでしょう。

もっとも、強烈な内輪意識とか、他のグループに対する無視と無関心とかいった、閉鎖的で排他的な態度をとるというのは、何も主流派経済学者に限った話ではありません。残念ながら、そういう傾向は、人間一般に見られるものです。

近年の神経科学の実証研究によれば、人間の脳には、所属する集団のコンセンサスに同調するように自動的に調整するメカニズムがあるのだそうです。どうやら、

我々の脳は、仲間内のコンセンサスからの逸脱を「罰」と感じるものらしい。[注69]

しかし、そうだとすると、健全財政論がこれほど広く信じられてしまっている世の中で、これをくつがえすのは、大変に難しいということになります。

もし、それができたら、ほとんど奇跡かもしれない。

でも、本書は、その奇跡を起こそうというのです。

だから、**『奇跡の経済教室』**なのです。

第十四章　よく分からない理由で、消費増税を叫ぶ経済学者

消費増税の深刻な悪影響

現在（2019年3月）、消費税率を8％から10％に上げる消費増税がなされようとしており、多くの経済学者がそれを支持しています。

しかし、この増税がデフレ脱却を頓挫させ、景気の悪化を招くことは、明らかで

注69　クリス・クリアフィールド・アンドラーシュ・ティルシック『巨大システム　失敗の本質』東洋経済新報社、2018年pp.191-4

しょう。というのも、消費税率が3％から5％へと引き上げられた1997年を契機に日本はデフレへと陥り、2014年の税率8％への消費増税もまた、消費需要を縮小させるという悪影響を及ぼしたという事実があるからです。

図12は、㈱クレディセゾン主任研究員の島倉原氏が作成したものです。これを見ると、消費増税の悪影響の恐ろしさが一目瞭然ではないでしょうか。

1997年と2014年の消費増税は、民間最終消費支出を大きく縮小させており、そのショックの度合いは、リーマン・ショックや東日本大震災に匹敵するものだったのです（図12中の実線）。

いや、それどころか、**消費税による消費抑圧効果は、リーマン・ショックや東日本大震災によるショックよりもはるかに長く続いている**のです（図12中の点線）。

ところが、8％への消費増税の是非が検討されていた2013年当時、多くの経済学者たちは増税を支持していました。

その一人である**伊藤隆敏氏は、政府に対して、消費税を引き上げても「デフレ脱却に失敗することはない」**とまで断言していました。[注70] ちなみに、伊藤氏は、第十章

図12◎実質民間最終消費支出の推移

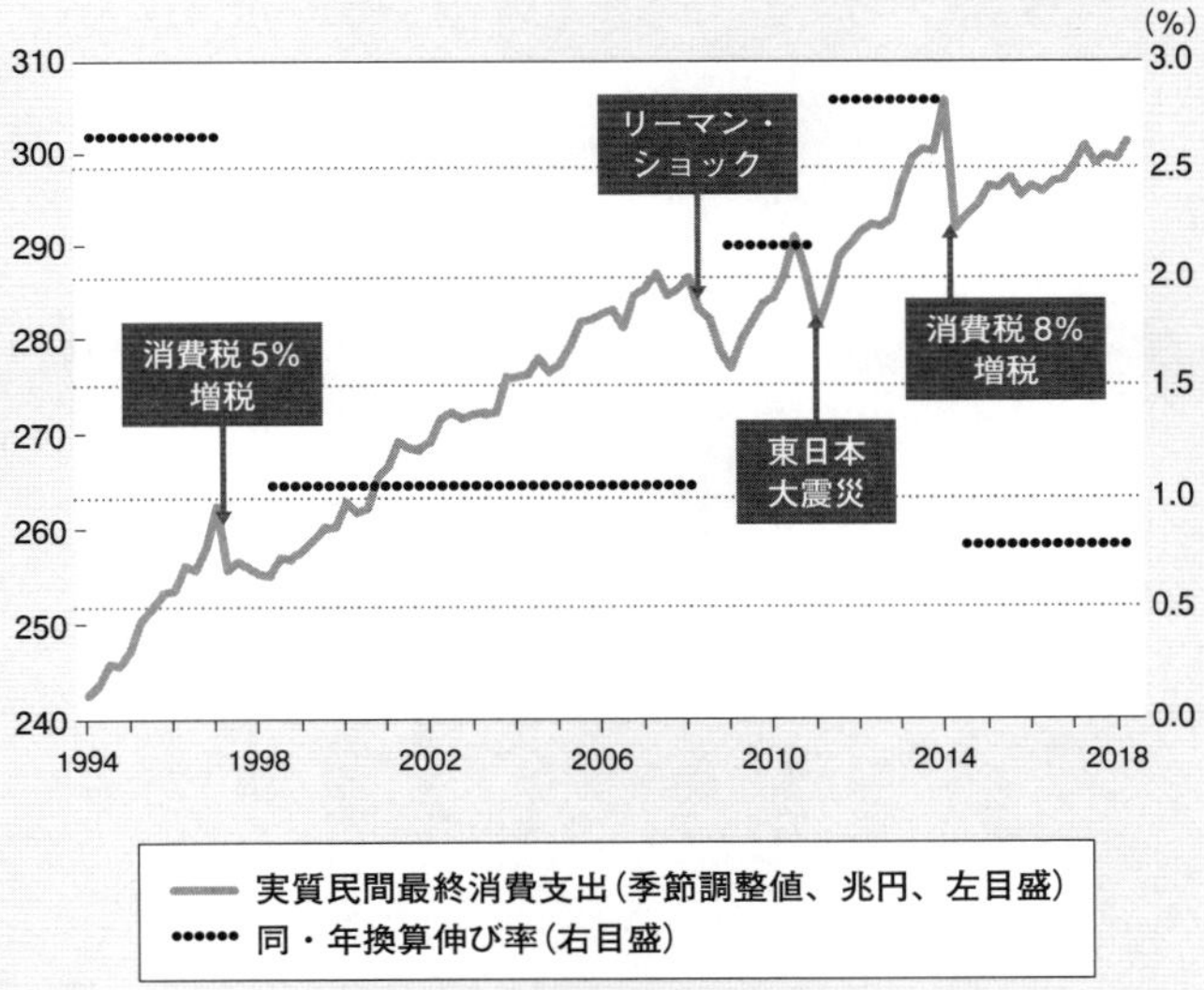

※年換算伸び率は、ショックによる落ち込みが底打ちした四半期から、次のショックが起きた直前の四半期までの実質民間最終消費支出の伸び率を年換算したもの。(消費税5%ショックの前については、現基準での統計が開始されている1994年1-3月期から増税直前の1997年1-3月期までの伸び率を年換算している)内閣府統計より作成

出典)島倉原「日本の社会保障政策は歪んでいる」(『表現者クライテリオン』2018年12月増刊号)より転載

で紹介した2003年の緊急提言を作成した経済学者の一人です。

伊藤氏は、1997年の消費増税の悪影響を目の当たりにしながら、2014年の消費増税のショックを過小評価するという、信じがたい過ちを犯したのです。

それどころか、東日本大震災の発生直後の2011年5月、伊藤氏は「震災復興にむけての3原則」を発表し、その中で消費税の10%への引き上げを提言しました。この提言に賛同した経済学者には、2003年の「緊急提言」の参加者（伊藤元重氏、樋口美雄氏、深尾光洋氏、八代尚宏氏、吉川洋氏）や前章に登場した土居丈朗氏も加わっていました。[注71]

もっとも、2003年の「緊急提言」をあらためて読み返すと、消費税の段階的な引き上げは「デフレ脱却後」と書いてあります。しかし、いまだに、デフレからの脱却は達成できていません。それにもかかわらず、「緊急提言」の経済学者たちは、消費増税に賛成しました。彼らは、自分たちのかつての提言すら、ないがしろにしてしまったのです。

デフレが続いても、消費増税に賛成。

東日本大震災が起きても、消費増税に賛成。

そして、2014年の消費増税の悪影響を目の当たりにしてもなお、「消費税をもっと上げるべきだ」と主張する経済学者が、後を絶ちません。

慶應義塾大学教授の井手英策氏も、その一人です。

ただし、井手氏が消費増税に賛成する理由は、主流派経済学に基づく議論とは、若干違うようです。また、井手氏は、新自由主義というイデオロギーに対して、きわめて批判的な立場をとっています。[注72]

では、いったい、どういう理由で、そこまで消費税を上げたがっているのでしょうか。井手氏の意見に耳を傾けてみましょう。

注70 https://www.nikkei.com/article/DGXNASFL270Q7_X20C13A8000000/
注71 www3.grips.ac.jp/~t-ito/201108_ItoReconstruction.pdf
注72 https://toyokeizai.net/articles/-/113788?page=2

痛みを分かち合う?

井手氏は、「全国民に批判されても、僕が『消費税を上げるべきだ』と叫ぶ理由」(『現代ビジネス』2018年11月27日)と題する論考において、次のような議論を展開しています。[注73]

まず、井手氏は、これまでのような自己責任社会はもはや成立困難だとした上で、自身の構想を提示します。

それは、消費税を軸として、みなが税で痛みを分かち合う一方で、子育て、教育、医療、介護、障がい者福祉といったベーシックなサービスを、無償ですべての人に提供するというアイデアだ。

「ベーシックなサービスを、無償ですべての人に提供する」というアイデア自体は、魅力的なものです。

しかし、このアイデアを実現するために、なぜ、消費税を軸としなければならないのでしょうか。

井手氏は、次のように説いています。

そもそも、租税とは「痛みを分かち合おう」という気持ちがなければ成立しない仕組みである。ゆえに租税負担を受け入れるということは、国民が「ともに生きる意志」を示すことだ。その意味で、消費税は、「みなが税で痛みを分かち合う」ものであり、「ともに生きる意志」をあらわしている。

井手氏は、このように考えているのです。

もっとも、消費税は、低所得者であっても消費をする以上は、必ず負担することになる税制です。しかし、そのことを、井手氏はむしろ積極的に評価するのです。

なぜならば、「まずしい人は、税を払っていないのに国からお金をもらっている、そんな疑いの気持ちもなくせる。だれかの不正受給を疑ったり、人の既得権を妬んだりする必要もない」からだというのです。

注73 https://gendai.ismedia.jp/articles/-/58620

井手氏はこのように主張するのですが、この論理は、いろいろと間違っています。確かに消費税は、消費をする以上、まずしい人であっても負担をします。しかし、そのことと「不正受給」とは何の関係もありません。

消費税の負担は政府の「歳入」の問題です。これに対して、不正受給というものは、政府の「歳出」の際に起きる問題です。ですから、歳入面の消費税によって、歳出面の不正受給に対する疑いをなくすことなど、どうやったって、できるはずがない。

また、消費税で、他人への疑いや妬みの必要性がなくなるというのも、まったく理解できません。まずしい人が負担する消費税額より多い額の給付を国から受け取るならば、そのことに対する疑いや妬みを抱く者は、相変わらず出てくるのではないでしょうか。

もっと問題なのは、井手氏が税制の軸と位置づける消費税には、「逆進性」があるということです。

低所得者ほど、収入に占める生活必需品の購入費の割合が高いので、高所得者よりも税負担率が高くなる。これが、消費税のもつ逆進性です。

つまり、消費税の「痛み」は、高所得者より低所得者のほうがより強いということです。これでは、痛みを分かち合ったことにはなりません。

「みなが税で痛みを分かち合う」ようにするためには、累進所得税など、収入に応じた税負担率となる税制を採用しなければならないはずでしょう。

しかし、消費税は、そのような税制ではないのです。それどころか、**低所得者により多くの痛みを押し付ける税制が、消費税**です。

それにもかかわらず、なぜ井手氏は累進所得税ではなく、消費税を推しているのでしょうか。意味が分かりません。

財政赤字についての誤解

ほかにも、井手氏の議論には、いろいろと問題が多い。

例えば、彼は日本の財政について、次のように述べています。

注意してほしいことがある。日本の財政は空前の債務に苦しんでいる。でも、それは、単なる収入と支出のアンバランスの結果ではないのだ。

ともに生きることを受け入れようとしない人たちは、自らの負担に、自分以外の者に使われる税に、強い抵抗を示す。分断された社会の象徴が財政赤字の積み重ね、政府債務だ。危機的な財政の裏側には、引き裂かれた社会という慄然たる現実が横たわっている。

全然、違いますね。

第一部第九章で説明したように、誰かの債務は、別の誰かの債権であり、「国内民間部門の収支＋国内政府部門の収支＋海外部門の収支＝0」という式が成り立つ。

この式から明らかなように、「政府部門の赤字」の裏側に横たわっているのは、「引き裂かれた社会という慄然たる現実」などではありません。単に『国内民間部門の収支＋海外部門の収支＝黒字』という現実」にすぎないのです。そして、1990年の「政府部門の黒字」の裏側に横たわっていたのは、バブル経済でした。

それに、日本の財政はまったく危機的ではありません。**「日本の財政は空前の債**

務に苦しんでいる」というのは、財政危機論者の単なる勘違いにすぎないのです。

その理由については、これまで何度も論じてきましたので、もはや繰り返す必要はないでしょう。

間違いだらけの財政論

井手氏の次の主張も、間違いだらけです。

財政には、僕たちの命や暮らしを支えるために、どうしてもやらなければいけないことがある。税を払ってその財源を作るのか、銀行にお金を預け、銀行が国債を買うことで財源を作り出すのか、二つに一つだ。

ただし、後者の場合、利払い費が発生する。銀行は僕たちに金利をはらってくれない。でも、毎年度3～4兆円が銀行への利払い費で消える。税はまずしい人たちも払っている。そのお金で銀行が豊かになる。どこかおかしくないか。

まず**「税を払ってその財源を作る」というのは、間違い**です。

第一部第七章で説明した「機能的財政論」が言うように、**税は、財源確保の手段ではありません。**通貨発行権のある政府には、税で財源を確保する必要などないのです。

また、政府が新たに発行する国債については、「銀行にお金を預け、銀行が国債を買うことで財源を作り出す」とは言えません。

というのも、第一部第六章で詳しく説明したとおり、銀行は、中央銀行に設けられた準備預金を通じて新規発行国債を購入します。この準備預金は、中央銀行が供給したもの（銀行と中央銀行間の当座預金取引の結果生じる残高）であって、人々から集めた預金ではありません。

したがって、あえて「財源を作り出す」という言葉を使って表現するならば、「中央銀行が準備預金を供給し、銀行が国債を買うことで財源を作り出す」と言うほうが正しいのです。

銀行は、人々が預けたお金を元手にして、国債を買うのではありません。そうで

はなくて、銀行は、中央銀行が供給した準備預金を通じて国債を買うのであり、そして政府支出によって民間預金が増えるのです。

それにしても、井手氏が、銀行が購入した国債の利子を受け取ることについて「どこかおかしくないか」と疑義を呈しているのには、さすがに驚きを禁じ得ません。

そもそも、銀行が購入した債券の利子を受け取ることは、正当な取引行為ではありませんか！

しかも、国債を銀行に買ってもらいたいのは、政府のほうなのです。ならば、利子を付するのは当然なのであって、おかしいところは何もありません。

井手氏は「でも、毎年度3～4兆円が銀行への利払い費で消える。税はまずしい人たちも払っている。そのお金で銀行が豊かになる」と批判しています。それは、井手氏が、国債の利払い費の原資として、まずしい人たちも支払う税金（つまり消費税）を想定しているからでしょう。

しかし、国債の利払いのために、税金は必要ではありません。

仮に百歩譲って、利払いを名目に税を徴収するのだとしても、その税が消費税でなければばならない必然性は、まったくありません。

例えば、累進所得税であれば、まずしい人たちへの課税は減免することができます。無所得者ならば、所得税は非課税です。

消費税だから、税をまずしい人たちにも支払わせることになってしまうのです。

しかし、その消費税を推しているのは、井手氏なのです。


もっと率直に批判しましょう。

井手氏は「税はまずしい人たちも払っている。そのお金で銀行が豊かになる」のはおかしいと批判しています。しかし、井手氏のアイデアもまた、まずしい人たちも払った消費税で、お金持ちにも教育や医療などのサービスを無償で提供するというものです。

これこそ「どこかおかしくないか」と思うべき話ではないでしょうか。

なぜ消費税でなければならないのか

次の議論を読むと、なぜ井手氏が「消費税を上げるべきだ」と叫んでいるのか、ますます分からなくなってきます。

僕たちは自分の寿命を知らない。90歳、１００歳まで生きられるように努力する。だから必ず「蓄え」は「過剰」になり、その分、「消費」は「過少」になる。しかも、高齢者になった自分の子どもにそれが相続され、貯蓄としてまた塩漬けにされる。

これじゃあ景気がよくなるわけがない。税でこのお金を社会の蓄えに変え、人間の暮らしのために毎年使ったほうが、景気が刺激されるに決まっている。

「蓄え」の過剰と「消費」の過少では景気がよくなるわけがないというのは、その通りでしょう。

しかし、そうならば、なぜ井手氏は、消費税を推奨しているのでしょうか。過少であることが懸念される「消費」に対して、さらに税を課すというのが、消費税なのですよ。

図12（P.283）が明らかにしたように、消費に対する課税を重くすれば、消費はますます少なくなります。それこそ「これじゃあ景気がよくなるわけがない」ではないですか。

井手氏は、次のように問いかけます。「税をあげる、さげるという話なら、だれだって後者を選ぶだろう。でも、どの税をどんな風にあげ、だれのために、どんな風に使うのかを考えるとすればどうだろう」

本書でも、これまで「どの税をどんな風にあげ、だれのために、どんな風に使うのか」を論じてきましたが、それでもやはり「消費税を上げるべきだ」という結論にはなりませんでした。

井手氏は新自由主義というイデオロギーには批判的であり、北欧の福祉国家を高く評価するリベラル派の学者です。

しかし、彼の財政論は、結局のところ、財政赤字を悪とする新自由主義の財政論と、本質的には同じであるように私には思えます。

いずれにしても、間違いだらけの理由に基づいて、いたずらに「消費税を上げるべきだ」と叫ぶのは、やめてもらいたいものです。

第十五章 主流派経済学は、宗教である

自由貿易の定理

これまで、国家の経済運営や財政をめぐる経済学者たちのでたらめな議論を、さんざん見てきました。

この経済学者たちのでたらめぶりは、自由貿易やグローバリゼーションについても、いかんなく発揮されています。

例えば、２０１５年12月、イェール大学名誉教授の浜田宏一氏は、ＴＰＰへの参加について、次のように論じていました。

そもそも、関税等の国家の介入を排除して物とカネを行き来させる自由貿易と、その真逆である保護貿易は、どのような得失を伴うのか。経済学の世界では、この問題について19世紀初頭から現在まで、約200年にわたる議論が続けられてきた。

19世紀の英国の経済学者デビッド・リカードは、「各国がそれぞれ優位性を持つ産品を輸出し、そうでない産品を輸入することで、全体としての経済厚生は高まる」と説く、「比較優位の原理」を唱えた。この原理は現代でも有効だ。

貿易の盛んな二国間において、もし一国が自国の弱い産業を保護すべく関税障壁を設ければ、相手国も同様に、弱い分野の関税を上げるだろう。その結果、両国間の貿易は全体として縮小し、2つの国の経済はどちらも不利益を被ることになる。[注74]

この物言いには、「自由貿易が正しいというのは、200年の歴史を誇る経済学

注74　http://president.jp/articles/-/17287?page=2

の常識だ。自由貿易に疑問を差し挟む余地などない」といったニュアンスが感じ取れます。

ところで、浜田氏がＴＰＰを正当化する根拠とした「リカードの定理」とは、何のことでしょうか？

主流派経済学の標準的な教科書を開けば、「二国が自由貿易を通じて相対的に得意とする産業分野に特化することで、両国とも経済厚生を高めることができる」と書いてあります。これを「比較優位論」といいます。

この比較優位論において最も基本的な定理とされるのが、19世紀にリカードが唱えたとされる「リカードの定理」や、その応用である「ヘクシャー＝オリーンの定理」なのです。

浜田氏は、この「リカードの定理」が現代でも有効だと述べています。

しかし、どの経済学の教科書にも書いてあることなのですが、「リカードの定理」とは、次のような**非現実的な仮定を置いた上で、はじめて成立する**ものでした。

・世界には二国、二財、一つの生産要素（労働）のみが存在する
・生産は規模に関して収穫不変（生産要素の投入量をn倍にしたとき、生産量もn倍になる）
・労働者は完全雇用されている（失業者はいない）
・労働者は国内を自由に移動できる
・運送費用はゼロである
等々。


言うまでもありませんが、このような条件が現実に成立するはずがないでしょう。「世界には二国、二財、一つの生産要素しかない」というのは、あくまで理論モデル上の極端な設定にすぎません。

また、現実の世界の労働者は常に完全雇用されているわけではないし、国内を完全に自由に移動できるわけでもありません。

「生産は規模に関して収穫不変」というのも、おかしい。普通は、工場の規模が大きくなればなるほど、生産コストはいっそう下がり、生産量はいっそう増えるもの

でしょう。より専門的な用語で言えば、「規模の経済」が働き、「生産は規模に関して収穫逓増」（生産規模がｎ倍になると、生産量はｎ倍以上）になるということです。

「運送費用がゼロ」というのがあり得ないことは、説明する必要すらないでしょう。

こんな非現実的な仮定を置いた上で成り立つ「リカードの定理」で、いったい、どうやってＴＰＰを正当化できるというのでしょうか？

ＴＰＰへの参加によって、安い農産品が輸入され、失業を余儀なくされる農家もあるかもしれません。路頭に迷う家族も出るかもしれない。

そんな重大な政策の決定を、「リカードの定理」などという馬鹿げた理屈で正当化されては、国民としては、たまったものではありません。

自由貿易の効果の試算

もちろん、誰もが、浜田氏のように「リカードの定理」だけで、自由貿易を正当化してきたわけではありません。

これまで、各国政府、国際機関、大学、研究所は、経済モデルを回して、貿易自由化は経済成長を促すという計算結果を出してきました。

その際、一般に使用される標準的な経済モデルは「応用一般均衡モデル」（ＣＧＥモデル）というものです。

ＴＰＰの経済効果の試算においても、このＣＧＥモデルが用いられました。その試算は、10年後にＴＰＰ参加国のＧＤＰ（国内総生産）の穏やかな上昇をもたらすという結果を導き出しました。

具体的には、アメリカを入れたＴＰＰ12カ国では、日本の実質ＧＤＰは１・37％押し上げられるという試算結果でした。

ところが、このＣＧＥモデルは、アメリカを除いた11カ国で発効した場合でも、日本の実質ＧＤＰは１・11％押し上げられるという試算結果を出したのです。[注75]

注75　川崎研一「台頭する地域統合の不確実性－代替的な地域貿易協定シナリオの経済効果－」GRIPS Discussion Paper ２０１７年 pp.16-27

この12カ国中、アメリカは、GDPで約6割を占めていました。そのアメリカが抜けようが抜けまいが、TPPの経済効果には、ほとんど違いがないというのです。何か、腑に落ちませんね。

実は、このCGEモデルもまた、**非現実的な仮定に基づいたもの**でした。

例えば、貿易自由化の結果、ある産業部門において失われた雇用があったとしても、モデル上は、それは瞬時に別の産業部門における雇用によって置き換わるとされているのです。

つまり、**貿易自由化によって生じるはずの失業による損失は、あらかじめ、計算しないようになっている**のです。

言い換えれば、CGEモデルは、はじめから「自由貿易には、プラスの経済効果がある」という前提の上に成り立っているということです。

これでは、いくらCGEモデルを回しても、「貿易自由化はするべきではない」という試算結果は出ません。要するに、八百長なのです。

こうしたCGEモデルのあり方に疑問を抱いたタフツ大学のある研究者たちが、ＴＰＰ（アメリカを含む12カ国）の経済効果について、雇用に対する悪影響など、より現実的な仮定を置いた上であらためて試算しました。

その結果、ＴＰＰの発効から10年後のアメリカと日本のＧＤＰは、それぞれ０・54％と０・12％ほど減少するという試算になってしまったのです。また、ＴＰＰ参加国全体で77万１０００人の雇用が失われ、うちアメリカでは44万８０００人の雇用が失われるという計算結果になりました[注76]。

この試算が正しければ、アメリカがＴＰＰ交渉から離脱したのは、正しかったということになります。ついでに言えば、日本も離脱すべきでした。

注76 Jeronim Capaldo and Alex Izurieta with Jomo Kwame Sundaram, 'Trade Down: Unemployment, Inequality and Other Risks of the Trans-Pacific Partnership Agreement,' *GDAE Working Paper,* No.16-01, January 2016.

自由貿易の歴史

理論モデルが怪しいというのであるならば、歴史をひもといてみましょう。

伊藤元重氏は、ＴＰＰへの参加を正当化するにあたり、保護主義を続けた国が経済成長を実現した例はないと断言しました。[注77]

しかし、これもまた、間違いです。

例えば、１８６０～92年のヨーロッパは自由貿易体制にあり、特に１８６６～77年は貿易自由化のピークでした。しかし、この時期のヨーロッパは大不況の真っ最中でした。

対照的に、アメリカは、当時、世界で最も保護主義的な国家でしたが、目覚ましい発展を遂げ、経済大国へとのし上りました。**アメリカこそ、「保護主義を続けた国が経済成長を実現した例」**なのです。

さらに、大陸ヨーロッパ諸国は１８９２～94年に景気回復期に入りました。これは各国が保護主義化した時期と同じです。

それどころか、この時期の貿易はむしろ拡大していました。しかも**最も保護主義**

的な措置をとった国々こそが、最も急速に貿易を拡大しました。これらの国々は、1909～13年には、さらに高い成長率を記録しました。

この時期のイギリスは、自由貿易に固執していましたが、不況に苦しんでいました。[注78]

ところで、各国の保護主義にもかかわらず、貿易が拡大するという現象が起きたのは、なぜなのでしょうか。

それは、第三章で述べたことと関係があります。

貿易自由化には、デフレ圧力があります。保護関税は、国内産業をデフレ圧力から保護し、国内産業の発展を促しました。

注77　http://diamond.jp/articles/-/28747

注78　Paul Bairoch, *Economics and World History: Myths and Paradoxes*, The University of Chicago Press, 1995, pp.46-55; Kevin H. O'Rourke, 'Tariffs and Growth in the Late 19th Century,' The Economic Journal, 110, April, 2000, pp.456-483; David S. Jacks, 'New Results on the Tariff-Growth Paradox,' European Review of Economic History, 10, 2006, pp.205-230

その結果、**各国の経済が成長して消費需要が増え、輸入が増えたので、貿易が拡大した**のです。

浜田氏は、二国間でお互いに関税障壁を設けると「両国間の貿易は全体として縮小し、二つの国の経済はどちらも不利益を被ることになる」と述べていましたが、歴史的な事実は、それを否定しているのです。

戦後の自由貿易は成功したか

第二次世界大戦後の世界は、自由貿易のおかげで繁栄したと信じられています。とりわけ戦後日本は「貿易立国」だといわれてきました。

しかしながら、注意深く見てみると、これも疑わしい。

というのも、そもそも、**戦後の貿易の実態は、いわゆる自由貿易とは大きく異なるものだったから**です。

第二次世界大戦が終わった後、西側世界では、GATT（関税と貿易に関する一般協定）が締結され、このＧＡＴＴの下で貿易自由化が進められました。

ＧＡＴＴが締結された背景には、１９３０年代の各国の保護主義が世界恐慌を悪化させ、世界大戦のきっかけとなったということへの反省があったとされています。

もっとも、１９３０年代の保護主義が世界恐慌を悪化させたという説は誤りであったことが、複数の研究者によって明らかにされています。[注79]

しかも、ＧＡＴＴの下での貿易自由化は、今日の水準と比べると、かなり緩いものだったのです。

例えば、**貿易自由化の対象とされたのは、もっぱら工業分野**でした。**農業分野やサービス分野は、今と違って、基本的に自由化の対象外**とされていました。

しかも、工業分野においてすらも、各国には貿易自由化による激変を緩和するための例外措置が広く認められていました。

注79 Rudiger Dornbusch and Stanley Fischer, 'The Open Economy: Implications for Monetary and Fiscal Policy,' *NBER Working Paper* No.1422, 1984 ; Barry Eichengreen, 'The Political Economy of the Smoot-Hawley Tariff,' *NBER Working Paper,* No.2001, 1986.

例えば、ＯＥＣＤ諸国からの輸入に対する数量制限を受ける工業品目数は、１９６３年においてＥＣ（ヨーロッパ共同体）は76品目、日本は１３２品目もありました。１９７０年時点でも、それぞれ65品目と81品目もあったのです。

これに対して、イギリスやアメリカの場合は、１９６３年時点ではそれぞれ10品目と7品目と、少なめでした。ところが１９７０年になると、イギリスは28品目、アメリカに至っては67品目へと増加したのです。[注80]

例えば、アメリカは、１９５５年にＧＡＴＴに加盟した日本からの製品輸入が急増すると、日本に対米輸出自主規制を求めました。日本もこの要求に応じ、56年に綿製品、69年に鉄鋼、72年に繊維、77年にカラーテレビ、81年には自動車の対米輸出自主規制を行っています。

また、ＧＡＴＴの下では、各国は、貿易自由化によって不利益を被る産業や階層に対して、補助金の給付や福祉政策などの補償的な措置を講じ、その悪影響を小さくしていました。

このため、あまり知られていませんが、この頃は、**貿易自由化が進めば進むほどに、政府の規模は小さくなるのではなく、逆に大きくなったのです。**[注81]

このように、GATTの下での貿易自由化は、経済学の教科書にある自由貿易のイメージとはかけ離れたものだったのです。これは、むしろ**「管理された自由貿易」**あるいは**「マイルドな保護貿易」**とすら言ったほうがよいかもしれません。

戦後に成功したとされる貿易体制は、自由貿易ではなく、「マイルドな保護貿易」だったのです。

しかも、戦後日本の輸出依存度（GDPに占める輸出の割合）は、戦後復興・高度成長期からデフレになる前までを通じて、ほぼ10～15％程度でした。これは、だいたい過去20年間のアメリカと同じ水準です。グローバリゼーションが進んだといわれる直近20年を見ても、日本の輸出依存度が2割を超えたことはありません。む

注80　西田勝喜『GATT／WTO体制研究序説：アメリカ資本主義の論理と対外展開』文眞堂、2002年p.102
注81　David Cameron, 'The Expansion of the Public Economy: a Comparative Analysis,' American Political Science Review, Vol.72, No.4, December 1978; Peter Katzenstein, Small States in World Markets: Industrial Policy in Europe, Cornell University Press: 1985

しろ、デフレになる前、順調に成長していた頃のほうが輸出依存度は低かったのです（図13）。

戦後日本は「貿易立国」だというのは神話にすぎません。日本は、アメリカと同様、内需大国です。そして、輸出依存度を高くすると経済が成長するわけでもありません。むしろ、デフレを脱却して正常な内需主導の経済成長を実現すれば、日本の輸出依存度は下がるでしょう。

グローバリゼーションは、歴史の必然？

このように歴史を振り返ると、意外な事実が分かるものです。

例えば、グローバリゼーションというと、ここ20～30年の間に起きた新しい現象であるかのように思われるかもしれません。

しかし、それもまた、歴史をひもとくと、大きな間違いであることが分かります。**グローバリゼーションと呼ぶべき現象は、すでに19世紀末から20世紀初頭にかけて、発生していました。**この時期、西洋諸国の多くにおいて、ＧＤＰに占める貿易

図13◎日米輸出依存度の推移

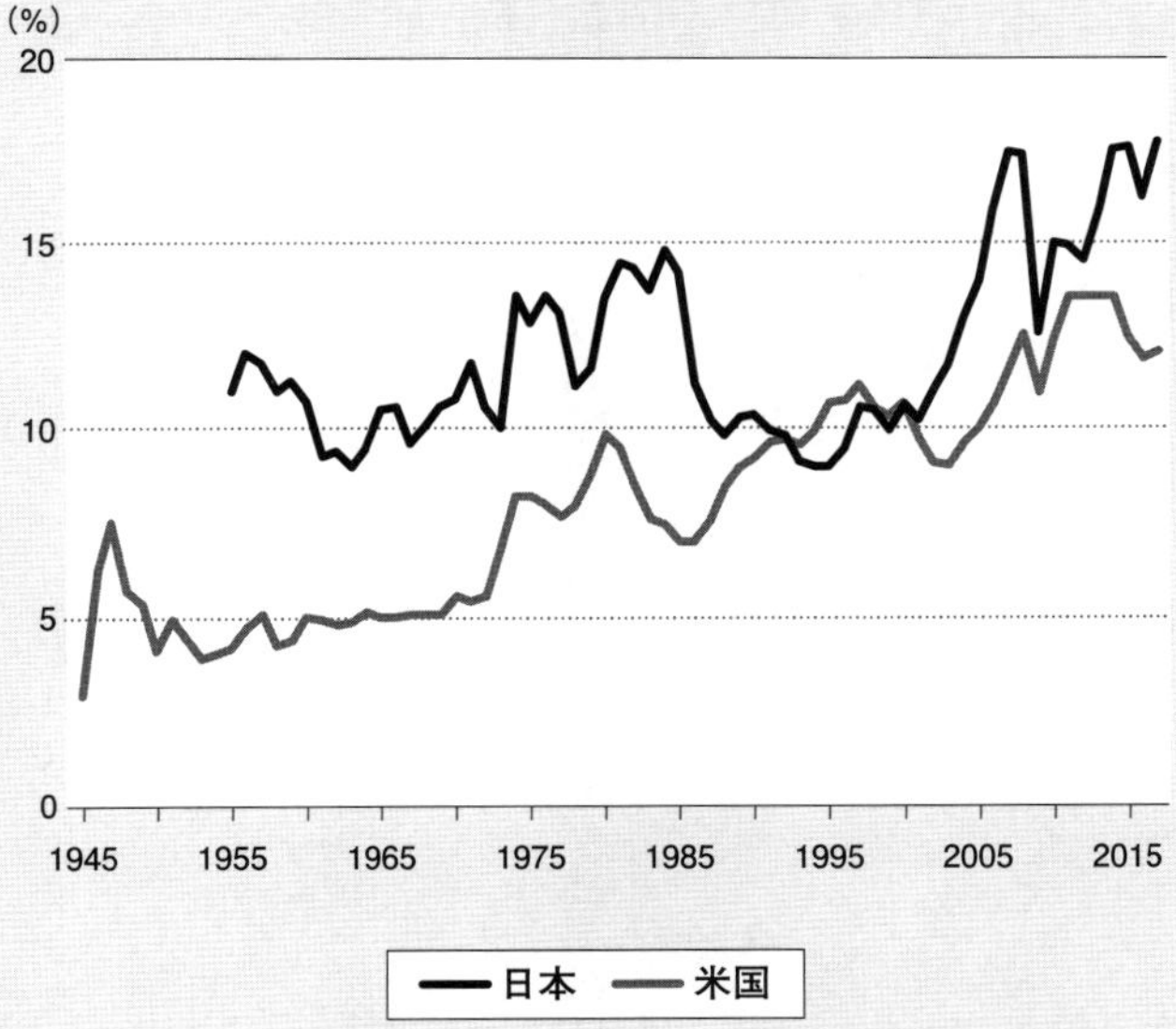

出典）島倉原作成・提供（データ出所は内閣府および米国経済分析局）

の割合が、現代ほどではないにせよ、高まっていました（**図14**）。

さらに、資本移動について言えば、当時のイギリス、アメリカ、フランス、日本はすでに１９９０年代並み、あるいはそれ以上の高い水準に達していました（**図15**）。

移民の規模に至っては、現代を上回っていたのです。

しかし、この19世紀末から20世紀初頭にかけてのグローバリゼーションは、第一次世界大戦、世界恐慌、第二次世界大戦によって途絶しました。

そして、**第二次世界大戦後の世界経済体制は**、「**脱・グローバリゼーション**」の**方向へと向かった**のです。

すでに述べたように、貿易の自由化は、ＧＡＴＴの下で、慎重に進められるようになり、国際資本移動は規制されました。[注82]

グローバリゼーションは、避けることのできない歴史の必然であるかのようにいわれていますが、戦後の歴史は、そうではないことを示しています。**国家の意思と**

注82 柴山桂太『静かなる大恐慌』（第二章）集英社新書、２０１２年

図14◎GDPに占める商品輸出の割合(%)

(年)	イギリス	アメリカ	フランス	ドイツ	オーストラリア	ブラジル
1820	3.1	2.0	1.3	—	—	—
1870	12.2	2.5	4.9	9.5	7.1	12.2
1913	17.5	3.7	7.8	16.1	12.3	9.8
1929	13.3	3.6	8.6	12.8	11.2	6.9
1950	11.3	3.0	7.6	6.2	8.8	3.9
1973	14.0	4.9	15.2	23.8	11.0	2.5
1998	25.0	10.1	28.7	38.9	18.1	5.4
2008	29.5	13.0	26.9	48.1	19.7	13.7

Globalization in Historical Perspective, p.41より作成
2008年については世界銀行のデータによる(サービス貿易を含む)
出典)柴山桂太『静かなる大恐慌』(第二章)集英社新書、2012年p.49

図15◎対GDP比で見た資本移動の割合(%)

(年)	イギリス	アメリカ	フランス	ドイツ	日本	アルゼンチン
1870〜1889	4.6	0.7	2.4	1.7	0.6	18.7
1890〜1913	4.6	1.0	1.3	1.5	2.4	6.2
1919〜1926	2.7	1.7	2.8	2.4	2.1	4.9
1927〜1931	1.9	0.7	1.4	2.0	0.6	3.7
1932〜1939	1.1	0.4	1.0	0.6	1.0	1.6
1947〜1959	1.2	0.6	1.5	2.0	1.3	2.3
1960〜1973	0.8	0.5	0.6	1.0	1.0	1.0
1974〜1989	1.5	1.4	0.8	2.1	1.8	1.9
1989〜1996	2.6	1.2	0.7	2.7	2.1	2.0

"Two Waves of Globalization", *NBER Working Paper*,No.6904, p.8より作成
上記数字は経常収支の対GDP比を絶対値で示したもの
出典)柴山桂太『静かなる大恐慌』(第二章)集英社新書、2012年p.50

政策によって、グローバリゼーションの流れを変えたり、止めたりすることはできるのです。

ところが、**1980年以降になると、世界は再びグローバリゼーションへと向かいました。**これも、**国家の意思と政策によるもの**です。

第二章で述べたように、1970年代の西側諸国では、インフレが問題になりました。そのインフレ対策の一環として、各国は、グローバリゼーションへと転じたのです。

こうして、1980年代以降、貿易自由化はより進められました。さらに95年には世界貿易機関（WTO）が設立されました。

WTOの下では、貿易自由化の対象は、農業やサービス分野まで拡大しました。その一方で、政府による管理や保護は大幅に後退させられました。

つまり、**本格的な自由貿易の時代は、1980年以降**だということです。

その結果は、どうなったのでしょうか。

世界経済の平均実質成長率は、1950〜73年は4・8%でした。しかし、80〜2009年では、3・2%でした。先進各国の経済成長率も、1980年以降、軒並み鈍化しました。**貿易自由化がより徹底された時代のほうが、経済成長率は低下したのです。**

それだけではありません。トマ・ピケティの有名な研究が明らかにしたように、**1980年以降の先進諸国では、格差が拡大**しました（P.318の図**16-1**及び図**16-2**）。とりわけ、イギリスやアメリカの格差拡大の水準は、戦前のレベルにまで達しています。[注83]

なお、第七章で論じたように、格差の拡大は経済成長を鈍化させます。つまり貿易自由化が格差を拡大させ、経済成長を阻害した可能性があるのです。

経済学者の無知

もちろん、経済成長の鈍化や格差の拡大の原因は、自由貿易やグローバリゼーションだけのせいとは言えないという反論もあり得るでしょう。

注83　トマ・ピケティ『21世紀の資本』みすず書房、２０１４年

図16-1◎アングロ・サクソン諸国での所得格差 1910–2010年

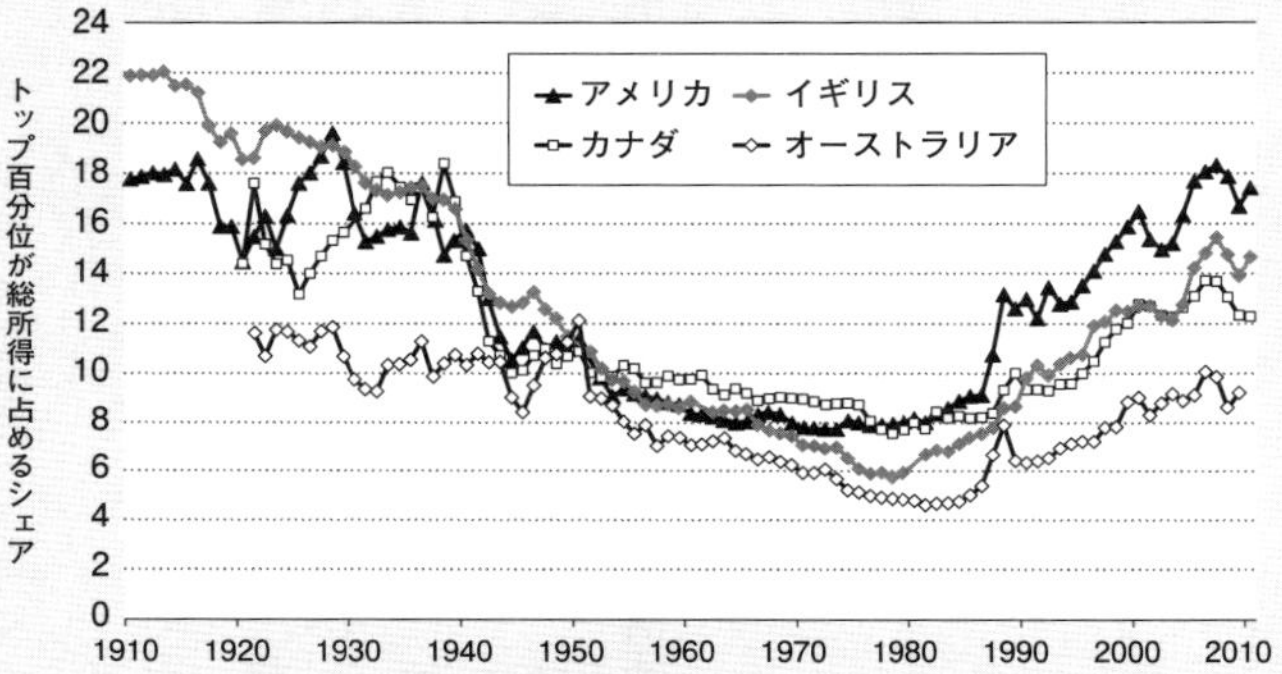

出典）トマ・ピケティ『21世紀の資本』みすず書房、2014年 図9-2

図16-2◎大陸ヨーロッパと日本での所得格差 1910–2010年

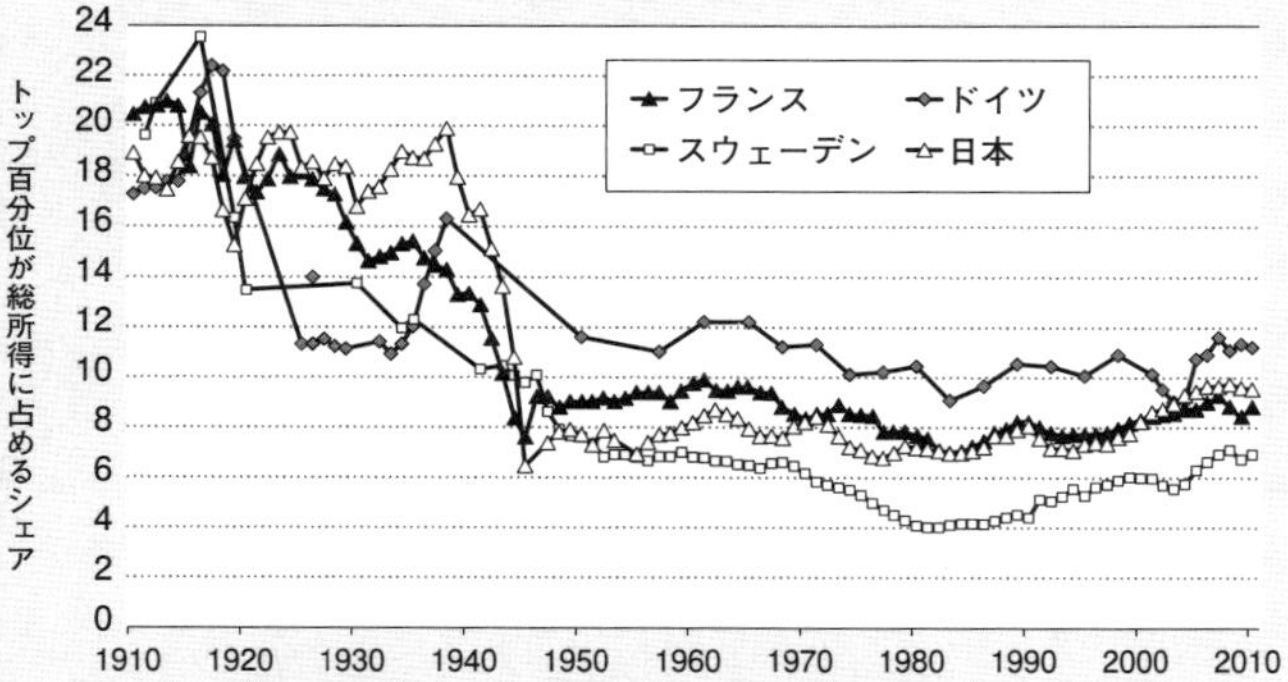

出典）トマ・ピケティ『21世紀の資本論』みすず書房、2014年 図9-3

しかし、近頃では、代表的な主流派経済学者ですらも、貿易自由化が労働者層に不利益をもたらし、格差の拡大を促進してしまうことを認めざるを得なくなっています。

特に有名な経済学者は、2001年のノーベル経済学賞受賞者であるジョセフ・スティグリッツ氏です。

スティグリッツ氏は、次のように述べています。

商品の移動は、労働者の移動の代用と考えることができる。非熟練労働力によって生産される商品をアメリカが輸入すれば、アメリカ内で同じような商品を生産する非熟練労働力に対する需要は落ち込み、結果として非熟練労働者の賃金は押し下げられる。[注84]

もっと象徴的なのは、2008年にノーベル経済学賞を受賞したポール・クルー

注84 ジョセフ・E・スティグリッツ『世界の99%を貧困にする経済』徳間書店、2012年pp.114

グマン氏です。
2008年、クルーグマン氏は、ブルッキングス研究所において、自由貿易が非熟練労働者に損害を与え、格差を拡大させているという論文を発表しました。その際、彼は「この論文は、罪の意識の吐露である」と告白したのです。[注85] それ以前のクルーグマン氏は、自由貿易による格差の拡大を、頑として認めようとはしていなかったからです。
リーマン・ショックの翌年の2009年2月には、クルーグマン氏は、景気回復策として財政出動だけではなく、保護主義についても真面目に検討すべきだとまで主張しました。**財政出動と保護主義の組み合わせによって、各国が内需を拡大すれば、世界経済全体も回復へと向かう**かもしれないからです。[注86]
2010年以降、アメリカでは、自由貿易やグローバリゼーションが労働者の窮乏化を引き起こしたという議論を裏付ける研究が次々と発表されています。[注87] そのうちの一つであるデイヴィッド・オーター氏たちの研究は、1999年から2011年の間の中国からの輸入によって、アメリカの雇用は200万人から240万人ほ

ど失われたと推計しています。[注88]
オーター氏は、ノア・スミス氏のインタビューに答えて、この結果に驚いたと率直に述べています。彼もまた、かつては、主流派経済学の自由貿易論を信じていたのです。
インタビュアーのノア・スミス氏は、次のようにコメントしています。

事実と証拠が、デイヴィッド・オーターのような冷静で公正な研究者をして、国家経済政策に関する固い信念を変えるべきだと確信させ得るなら、これは経済学者の考え方に大きな変化が生じたことを意味する。新たな実証の時代にお

注85 *The Economist,* 'Economic Focus: Krugman's Conundrum,' 2008.
注86 https://krugman.blogs.nytimes.com/2009/02/01/protectionism-and-stimulus-wonkish/
注87 例えば,' Ann Harrison and Margaret McMillan, 'Offshoring, International Trade, and American Workers,' *NBER Reporter,* No.4, 2011.
注88 Daron Acemoglu, David Autor, David Dorn, Gordon H. Hanson and Brendan Price, 'Import Competition and the Great US Employment Sag of the 2000s,' *Journal of Labor Economics,* Vol.34, No.S1, Part2, January, 2016, pp.S141-S198

いては、過去の理論中心の経済学のように居心地の良い確信を与えることがはるかに少ないかもしれないのであり、それは恐ろしいことである。しかし、まずは無知を認めること以外に、社会科学者が真実に向けての紆余曲折を最終的に始めることはできないのである。注89

しかし、実際には、どうでしょう。

主流派経済学者たちの多くは、依然として、自由貿易やグローバリゼーションに対する無知を認めているようには見えません。

第十三章で述べたように、ポール・ローマー氏は、経済学者たちには「宗教団体か政党のような、同じグループの仲間との一体感」があると指摘しました。まさに自由貿易は、宗教団体の教義のように、経済学者であれば疑ってはならないものと化しています。保護主義を唱えた経済学者は、異端の烙印を押されて、追放されてしまうのです。

クルーグマン氏も、2009年に「保護主義は検討に値する」と述べた際、主流派経済学者からのバッシングを予想したのでしょう、こう言い添えていました。

「保護主義について良いことを言ういかなる理論も間違っているなどと言わないでもらいたい。それでは神学であって、経済学ではない」[注90]

しかし、財政健全化論にせよ、自由貿易論にせよ、非現実的な理論を疑うことなく信じ込み、歴史研究や実証研究の結果を受け入れようとしない主流派経済学は、もはや、科学とは言えません。これは、宗教の一種でしょう。最近も、ジョン・ラプレー氏が、主流派経済学は宗教になったと批判していますが、私もまったく同感です。[注91]

注89 https://www.bloomberg.com/view/articles/2017-03-16/the-man-who-made-us-see-that-trade-isn-t-always-free

注90 https://krugman.blogs.nytimes.com/2009/02/01/protectionism-and-stimulus-wonkish/

注91 https://www.theguardian.com/news/2017/jul/11/how-economics-became-a-religion

本書のまとめ――目からウロコが落ちる15の基礎知識

本書の内容を、簡潔におさらいしましょう。

15のポイントにまとめました。

（1）平成の日本経済が成長しなくなった最大の理由は、デフレである。
デフレとは、物価が下がり続ける＝貨幣の価値が上がり続ける状態である。

貨幣の価値が上がり続ける状態では、誰も支出をしたがらないので、経済は成長しなくなる。

経済成長には、マイルドなインフレ（貨幣の価値が下がり続ける状態）が必要である。

（2）デフレとは、「需要不足／供給過剰」が持続する状態である。
インフレとは、「需要過剰／供給不足」が持続する状態である。
したがって、インフレ対策とデフレ対策は、正反対となる。
①インフレ対策
「小さな政府」、財政支出の削減、増税
金融引き締め
生産性の向上、競争力の強化（規制緩和、自由化、民営化、グローバル化）
②デフレ対策
「大きな政府」、財政支出の拡大、減税
金融緩和
産業保護、労働者保護（規制強化、国有化、グローバル化の抑制）
（3）新自由主義は、本来、インフレ対策のイデオロギー。

デフレ対策のイデオロギーは、民主社会主義。

（4）平成日本は、デフレ下にあったのに、新自由主義のイデオロギーを信じ、インフレ対策（財政支出の削減、消費増税、規制緩和、自由化、民営化、グローバル化）をやり続けた。

その当然の結果として、平成日本はデフレから脱却できず、経済成長できなくなった、

（5）貨幣とは、負債の特殊な形式である（「信用貨幣論」）。

（6）貨幣には、現金通貨と預金通貨がある。

預金（預金通貨）を創造するのは、銀行である。

預金は、銀行が貸出しを行うと創造される（信用創造）のであって、銀行が預金を集めて貸出すのではない。

銀行の貸出しは、銀行の保有する資金量の制約を受けない。ただし、借り手

の返済能力の制約は受ける。

借り手の資金需要が、銀行による貨幣（預金）の創造を可能にする。

（7）「現代貨幣理論」の貨幣理解のポイント
まず、国家は、国民に対して納税義務を課し、「通貨」を納税手段とすることを法令で決める。

すると、国民は、国家に通貨を支払うことで、納税義務を履行できるようになる。

その結果、通貨は、「国家に課せられた納税義務を解消することができる」という価値をもつこととなる。

その価値ゆえに、通貨は国民に受け入れられ、財・サービスの取引や貯蓄など、納税以外の目的においても広く使用されることとなる。

（8）量的緩和（マネタリー・ベースの増大）では、貨幣供給量は増えない。
貨幣供給量を増やすのは、借り手の資金需要である。

デフレ下で貨幣供給量を増やすためには、政府が資金需要を拡大するしかない（財政出動）。

財政政策こそ、貨幣供給量を操作する金融政策である。

（9）財政に関する正しい理解（「機能的財政論」）

①民間金融資産は、国債発行の制約とはならない。

財政赤字は、それと同額の民間貯蓄（預金）を生み出す。

②政府は、自国通貨発行権を有するので、自国通貨建て国債が返済不能になることは、理論上あり得ないし、歴史上も例がない。

政府は、企業や家計とは異なる。

③財政赤字の大きさ（対ＧＤＰ比政府債務残高など）は、財政危機とは無関係である。

④財政赤字の大小を判断するための基準は、インフレ率である。
インフレが過剰になれば、財政赤字は縮小する必要がある。
デフレであるということは、平成日本の財政赤字は少な過ぎるということ。

⑤税は、財源確保の手段ではない。
税は、物価調整や所得再分配など、経済全体を調整するための手段である。

(10)財政赤字を拡大しても、それだけでは金利は上昇しない。
デフレを脱却すれば金利は上昇するが、それはむしろ正常な状態である。
金利の上昇は、日銀の国債購入によって容易に抑制できる。

(11)国内民間部門の収支+国内政府部門の収支+海外部門の収支=0
国内政府部門の赤字は、「国内民間部門+海外部門」の黒字を意味する。
バブル期に政府債務が減ったのは、民間債務の過剰の裏返しである。

(12) 税収＝税率×国民所得。
政府は税率を自在に上げられるが、国民所得は景気次第なので、税収を思い通りにすることはできない。

歳出削減や増税はむしろ景気を悪化させるので、税収を増やすことには失敗する。

財政健全化は、やっても無駄であるし、デフレ下では、むしろやってはならない。

(13) 財政政策の目的は、「財政の健全化」ではなく、デフレ脱却など「経済の健全化」でなければならない。

(14) 自由貿易が経済成長をもたらすとは限らないし、保護貿易の下で貿易が拡大することもある。
グローバリゼーションは避けられない歴史の流れなどではなく、国家政策によって抑制することができる。

戦後日本の輸出依存度は、10～15％程度である。日本は内需大国であって、貿易立国ではない。

（15）主流派経済学は、過去30年間で、進歩するのではなく、退歩した。

主流派経済学者は、一般均衡理論という、信用貨幣を想定していない非現実的な理論を信じている閉鎖的な集団の一員である。

日本において影響力のある経済学者は、ほぼ全員、（1）から（14）までの内容を知らないか、正確に理解していない。日本経済が成長しなくなってしまったのが、その何よりの証拠である。

以上です。

さて、これらを完璧に理解すれば、日本経済を成長させるための方法は、いとも簡単に分かると思います。

デフレを脱却すればよいのです。

そのための政策は、（2）②です。

具体的には、「大きな政府」、財政支出の拡大、減税、金融緩和、規制の強化（産業保護・労働者保護）、重要産業の国有化、グローバル化の抑制です。

要するに、**平成日本で正しいとされてきた経済政策（金融緩和を除く）とは正反対のことをやれば、デフレからインフレになり、日本経済は成長へと向かう**のです。

それだけのことです。何も難しいことはありません。

それにもかかわらず、日本のエリートたちは、なぜ、こんな簡単なことをやらないのか。あるいは、こんな簡単なことに気づかなかったのか。

その謎は、本書の続編『**全国民が読んだら歴史が変わる　奇跡の経済教室【戦略編】**』で解き明かされるでしょう。

著者略歴

中野剛志（なかの・たけし）

1971年、神奈川県生まれ。評論家。元京都大学大学院工学研究科准教授。専門は政治思想。96年、東京大学教養学部（国際関係論）卒業後、通商産業省（現・経済産業省）に入省。2000年よりエディンバラ大学大学院に留学し、政治思想を専攻。01年に同大学院にて優等修士号、05年に博士号を取得。論文“Theorising Economic Nationalism”（Nations and Nationalism）でNations and Nationalism Prizeを受賞。主な著書に『日本思想史新論』（ちくま新書、山本七平賞奨励賞受賞）、『TPP亡国論』（集英社新書）、『日本の没落』（幻冬舎新書）など。本書の第2弾『全国民が読んだら歴史が変わる奇跡の経済教室【戦略編】』、第3弾『楽しく読むだけでアタマがキレッキレになる 奇跡の経済教室【大論争編】』（KKベストセラーズ）と合わせて「奇跡の経済教室」シリーズが大ロングセラーに。また共著で『思想の免疫力』（KKベストセラーズ）がある。

目《め》からウロコが落《お》ちる
奇跡《きせき》の経済教室《けいざいきょうしつ》【基礎知識編《きそちしきへん》】

2019年 4 月30日　初版第 1 刷発行
2024年 2 月20日　初版第17刷発行

著　者　中野剛志《なかのたけし》
発行者　鈴木康成
発行所　株式会社ベストセラーズ
〒112-0013 東京都文京区音羽1-15-15 シティ音羽2階
電話 03-6304-1832（編集）
電話 03-6304-1603（営業）

装　幀　石間 淳
本文図版　志岐デザイン事務所
印刷製本　錦明印刷
DTP　オノ・エーワン

　ISBN 978-4-584-13895-3 C0095